Reprint Publishing

FOR PEOPLE WHO GO FOR ORIGINALS.

www.reprintpublishing.com

F. Ottens fec. et fecit.

J. Oosterwijk Excudit.

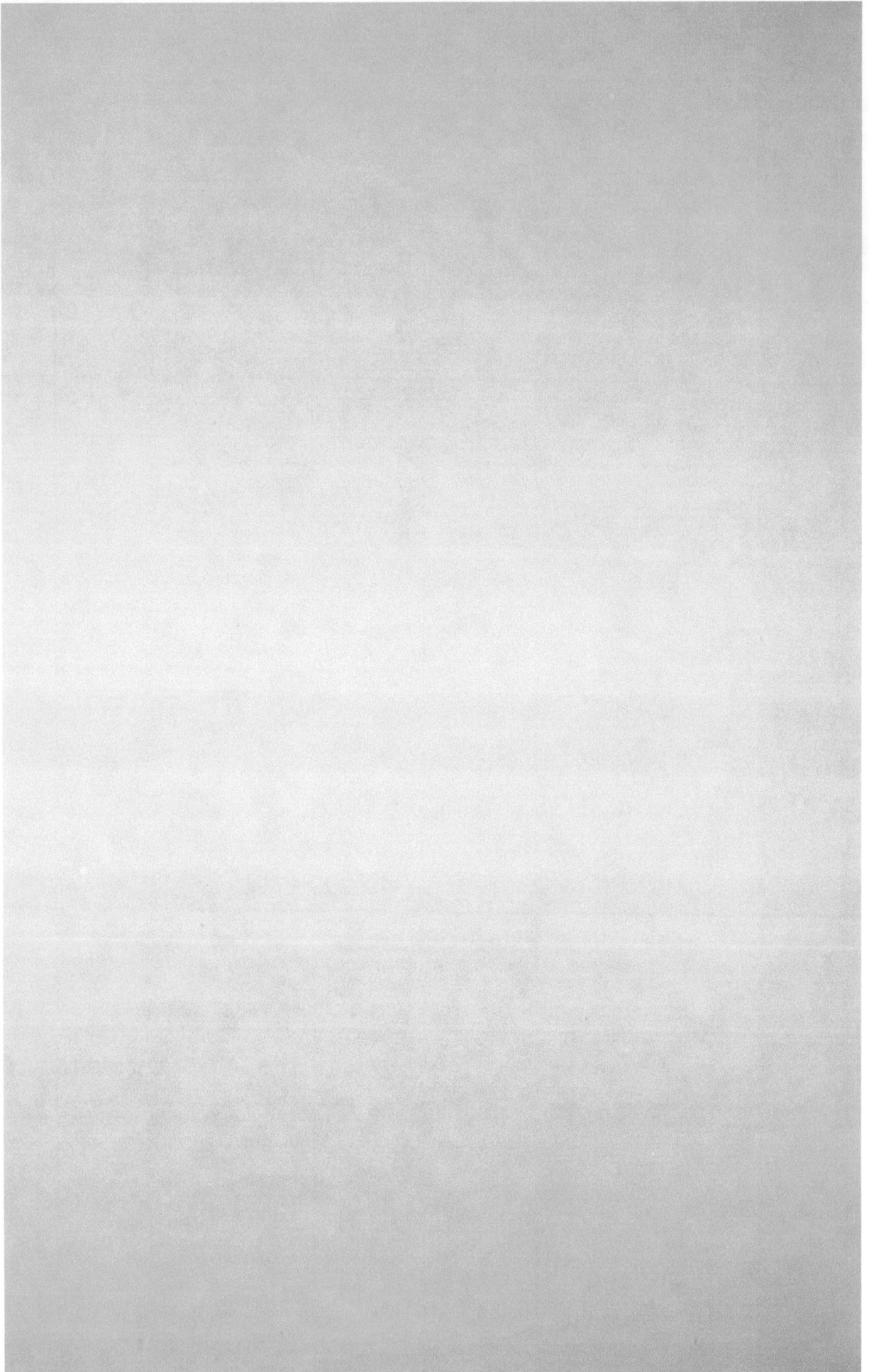

D E
EUROPISCHE
INSECTEN.

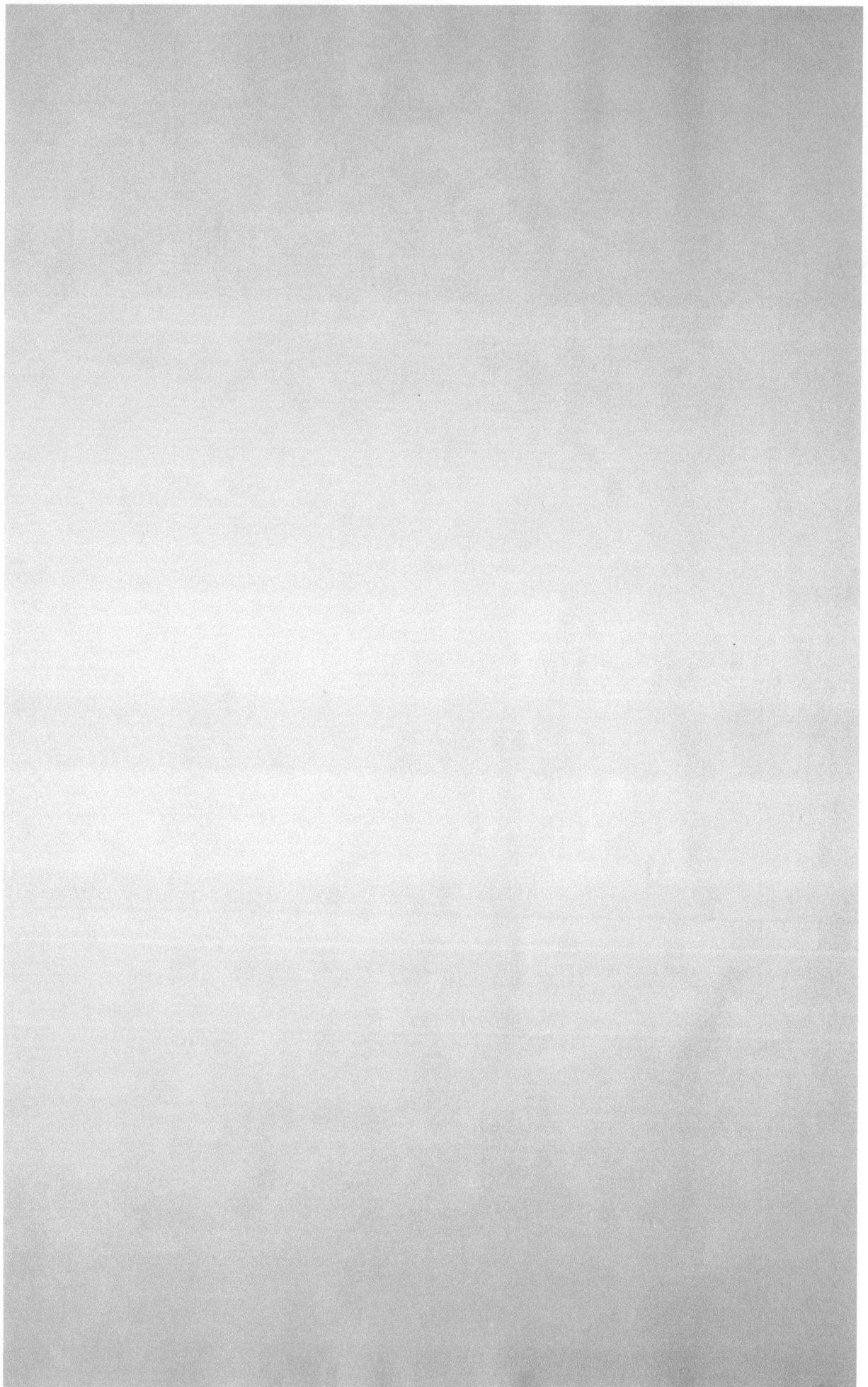

DE
EUROPISCHE
INSECTEN,

Naauwkeurig onderzogt, na 't leven gefchildert, en in
print gebragt door

MARIA SIBILLA MERIAN:

Met een korte Befchryving, waar in door haar gehandelt word van der
Rupfen begin, Voedzel en wonderbare Verandering,

EN OOK VERTOONT WORD

De Oorfpronk, Spys en Geftalt-verwiffeling, de Tyd, Plaats en
Eigenfchappen der Rupzen, Uiltjes, Vliegen en andere diergelyke
bloedeloofe Beesjes.

HIER IS NOG BYGEVOEGT

Een naauwkeurige Befchryving van de Planten, in dit Werk voorkomende; en de Uitlegging van
agtien nieuwe Plaaten, door dezelve MARIA SIBILLA MERIAN geteekent,
en die men na haar dood gevonden heeft.

In 't Frans befchreeven door J. MARRET, *Medicinæ Doctor,*

En door een voornaam Liefhebber in 't Nederduits vertaalt.

Tot AMSTERDAM,
By J. F. BERNARD,
M D CC XXX.

I

I

II

III

EUROPISCHE
INSECTEN,

Handelende van der RUPSEN begin, voedzel en won-
derbaare verandering.

I.

Moerbeſſen.   *Morus cum fructu.*

DEze Figuur verbeeld een Lauwerkrans van Moerbeſſenranken met Bladeren,
Bloeizel en Vrugten, welkers bladeren het regte voedzel is der Zydewormen.
Deze Wormen komen voort uit eiertjes die by de Liefhebbers den geheelen
Winter over zorgvuldig bewaart worden, ze worden in 't voorjaar door de
warmte der Zon uitgebroeit, als dan geeft men hun de Moerbeſſenbladeren
tot haar ſpys, wel zorg dragende dat de bladeren geen vogtigheit op zig hebben, want dit is hun doodelyk. Wanneer deze Wormtjes ontrent agt of tien
dagen out zyn, dan word haar koleur uit den donker graauwen, 't welk een voorteken is datze
in korten tyd vervellen zullen, dit gebeurt tot drie of vier maalen: haar koleur is byna geheel
wit, maar als zy tot haar volkomen wasdom gekomen zyn, als dan worden zy klaar en eenigzins
doorzigtig of tranſporant, geduurig heen en weêr waggelende met haar hooft, en beginnen uit
haar mond de zyde te ſpinnen, de Liefhebbers dan deeze voorteekenen ziende, zetten ze ordi-
nair in een peperhuisje, daar in ſpinnen zy zig zelf in een Ovaal van vorm als een ei, als dit geſpin wit is zo zyn de Wormſpootjes ook wit geweeſt, zo ook als 't geel bevonden wort zyn de voeten ook geel geweeſt, dit volbragt zynde dan veranderd de Worm in een Popje, in deze geſtalte blyft hy een en twintig dagen, dan komt daar een witagtig Uiltjen uit, 't welk dit vel door-
knaagt en van zig ſtroopt, laatende een bruin vogt van zig, zy beſtaan uit tweederlei ſexé, het
Manneke is dunder van lyf als het Wyfje, gepaart hebbende, leggen zy haar eiertjes vaſt op een
papier daar zy tot dien einde op gezet zyn, aldus leven zy negen of tien dagen zonder eeten of
drinken en ſterven. De eiertjes zyn eerſt geel van koleur, in groote gelyk de gierſt, in weinig
tyd worden zy graauw, en worden dan bewaard tot in 't voorjaar gelyk boven gezegt is:

Daar zyn tweederley ſoorten van deze boom, waar van dat
de eene witte en d'andere ſwarte Moerbezien voortbrengt, dewelke Caſparus Bauhinus, *Morus fructu albo*, en *Morus fructu nigro*
noemt. Haar blad is byna rond, en een weynig ruuw of hard
in 't aanraken, zynde rondom gekarteld. Haar bloeiſel is zamen geſteld uyt vier blaadjes, uyt het midden van dewelke
voortkomen eenige vezeltjes. Haar Vrugten worden voortgebragt op plantſen die afgeſcheyden zyn door knobbeltjes; zy
zyn te zamen geſteld uyt een langagtig draadje, aan dewelke
van alle kanten korreltjes groeyen, gelykende na verſcheyde
kleine kluwentjes aan malkanderen te zamen gevoegt, brengende yder in 't byzonder voort een bezië vol zap, in zig bevattende
een gedraayd pypje, 't welk omringd is met vier blaadjes, verſcheyde van deze kluwentjes ſtellen te zamen de Vrugt, die in
zig bevat eenige byna ronde zaadjes. Het geheele onderſcheid,
dat 'er tuſſchen deze twee boomen beſpeurd word, is de koleur
en de groote van de Vrugt der witte Moerbézien, als zynde
veel kleinder als de ſwarte Moerbezien. De bladen van de
witte Moerbezien-boom zyn beter voor de Zywormen, als die
van de ſwarte Moerbezien-boom; dewyl dat de zyde daar van
veel fynder is.

A

I I.

Purpere Tulp.   *Tulipa Purpurea.*

DEze Tulp, ook wel genaamt Marbre Jaspis, is het voedzel van de daar op zittende Rups
tot in 't laatst van May, als dan veranderd zy in een bruine Pop, na verloop van vystien
dagen komt daar een Uiltjen uit, zynde de bovenste vleugels roodagtig, en de onderste met het
lyf graauw.

Onder aan de steel zit een Worm de welke de kleine dierkens, die men Luizen noemt, tot
haar spys gebruikt, in 't laatst van May verandert deze in een blaas, na veertien dagen komt daar
een Vlieg uit, zynde geel en swart gestreept, en de oogen root.

Casparus Bauhinus en verscheide andere hebben deze verscheide soorten van Tulpen willen onderscheiden wegens de Tyden van het Jaar, als zy bloeyen. Maar ik geloove dat het beter zoude zyn dat men deze op dezelve wyze onderscheide even als men d'Anemiassen doed door de ses voorname koleuren, dewelke zyn roode, geele, groene, blaauwe, purpere en witte. Hier staat aan te merken dat de allerbequaamste Schilder zig verlegen vind, als hy genoodzaakt is de groote verscheidentheid der koleuren van de verschillende Tulpen op het natuurlykste te vertoonen. Het blad van deze Plant is redelyk breed, omringende de steel, gaande vaasgewyze aan de kant op. De Blom heeft ses bladeren vaasgewys formerende dikwils de buyk breeder als de opening. Deze Blom begrypt in zig een Zaadnesje, het welk een langwerpige en driehoekige Vrugt word, vol van plat zand en bolrond: haar wortel is een bol te zamen gestelt uyt verscheide vliezen die in malkander schieten, aan de beneden kant voorzien met vezelen.

I I I.

Blaauwe Seringa.   *Syringa Cœrulea.*

DIergelyke groene Rupsen, gelyk onder op een blad zit, heb ik op deze Boom gevonden en
met die bladeren gevoed tot den twaalfde May, doe maakte zy een wit gespin en veranderde in
een bruine Pop, in 't laatst van May kwam daar een ligt bruin Uiltje uit, gelyk boven op de Blom
verbeelt is.

Deze op de Blom zittende groene Rups veranderde den tweede May in een bruine Pop, en den
seven en twintigsten October kwam daar een bruin en wit gespikkeld Uiltjen uit, gelyk boven op de
Blom verbeeld is.

Deze Plant is dezelve dewelke *Mathiolus*, *Rai*, *Tournefort*, *Dodonæus* en *Boerhaaven* Lilac, dat is: Seringa, genoemt hebben. De Blom is een pypje aan de bovenkant vaasgewys uytgestrekt en de meeste tyd in vier deelen gekartelt, en ze is geschikt als een lange tros, zynde de koleur in 't gemeen blaauw, somtyds wit of asgraauw, en als verzilvert; na dat de bloeizem afgevallen is, komt daar uyt voort een langwerpige Vrugt, gelykende na een tong, dewelke zig verdeelt in twee holligheden, die in zig bevatten eenige kleine platte zaatjes, gelyk als gevleugelde.

VI

V

IV

VII

I V.

Krieken Bloeizel.   *Cerasus nigra dulcis Florens.*

DEze zoort van Wormen by de Landluiden genaamt Koornworm, om dat hy de wortelen van het Koorn afeet, het lyf is witagtig en naakt gelyk de Kaas-Maaden, het hooft is Ooker-veel, ik heb dezelve in October in de Aarde gevonden nog klein zynde en bewaart tot het ander Jaar, in April doe was hy zo groot gelyk hier onder verbeelt is, zyn verandering brengt een Tor voort die men Moolenaars noemt, zyn gestalte is boven op een blad vertoont, zy eeten de jonge spruiten der Vrugtboomen, daarom heb ik ze op deze Boom geplaatst.

Deze Boom is soo bekent en soo wel door al de Krytkenders beschreven, dat ik niet onderstaan zal daar van een nader beschryvinge te doen.

V.

Hyacinth.   *Hyacinthus Orientalis.*

DEze ruige swarte Rups, gelyk onder verbeeld is, eet veerderlei Bloemen en Kruiden, zy zyn zeer vaardig in 't loopen, als men ze aanraakt dan rollen zy zig in malkander gelyk een klootje en blyven een tyd lang zo leggen, haar volkoomen wasdom hebbende maaken ze een gespin, en veranderen in een swarte Pop, na veertien dagen komt daar een Uiltjen uit gelyk op de Blom zit; haar bovenste vleugels zyn bruin en wit, en de onderste bleekroot en swart geplekt, zy leggen graauwgroene eiertjes.

Ik heb zulk een Rupsje gehad, gelyk op een Blomtje zit, die maakte zig vast aan een hout, en wierd hart en kort, gelyk boven de groote Rups te zien is, na tien dagen kwam daar een swarte Vlieg uit, daar komen ook wel Vliegen uit die haar agterlyf geel is, gelyk hier mede twee derzelver verbeelt zyn.

De Blom van deze Plant is tweeslagtig, of Man-Wyf of zonder kelkje (Monopetale) geformeert aan een langwerpige pyp, die zig vaasgewys na boven uytstrekt, en zig verdeelt als in ses gesnede deeltjes: de koleur is in 't gemeen blaauw, somtyts wit, somtyts lyfkoleur, somtyts nabykomende het purper. Haar Vrugt is byna rond, opgeheven aan de drie hoeken en verdeelt in drie holletjes of kamertjes, vervult met eenige byna ronde en platte zaden. Haar stam is rond, glad, van een groene koleur, wat bleeker na beneden, en uyt den bruyngroenen na boven: hare bladen zyn lang en smal.

V I.

Boterbloem.   *Ranunculus dulcis.*

Zulke zoort van Rupſen heb ik op deze Bloemen gevonden, en daar mede den geheelen Maant van April gevoet, zy zyn boven op den rug Oranjenkoleur, en van onderen ligt geel, vorders zyn ze ſwart en een weinig hairig, als men ze aanraakt dan rollen zy zig in malkander en blyven zeer lang leggen, in May maaken ze een geſpin en veranderen in een bruine Pop, gelyk aan een blad hangende, verbeelt is, na veertien dagen komt daar een ſchoon Uiltjen uit, welkers hooft, lyf, en bovenſte vleugels ſwavel geel, en ſwart geplekt, en de onderſte vleugels ſwart, en root gevlakt zyn: deze Uiltjes zitten over dag ſtil by malkander, des avonts beginnen zy te vliegen, des morgens zoeken zy weêr een donkere plaats om te ruſten, na eenige dagen leggen ze geele eiertjes en ſterven.

Deze is dezelve Plant als de *Ranunculus Pratenſis* van Caſparus Bauhinus: men bevind dezelve ook beſchreven in de *Hortus Eyſtetenſis*, onder de naam van *Ranunculus, Oleraceus, erectus, flore ſimplici*. Deze Plant groeit van zig zelfs in de Weyden ſonder aanqueeckinge, haar blad is diep gekartelt in verſcheide gedeel-tens, zy is van een ſchoone groene koleur. Uit het midden van haar komen eenige kleine ſtammetjes, dewelke aan haar topeinden voortbrengen eenige bloempjes geſchikt als Roosjes met verſcheide bladjes van een geele koleur. Daar uit volgen eenige ronde Vrugten, dewelke in zig bevatten eenig zaad.

V I I.

Pruimenbloeizel.   *Prunus florens.*

Deze groene Rupſen met ſwarte ſtippen en een ſwart hooft heb ik in 't begin van May op deze Boom gevonden, als men ze aanraakt dan laaten zy zig aan een draatje uit haar mont nederzakken, waar aan zy zig ook weêr na boven weten te begeven, zy zitten de meeſte tyd in een blad dat ze toegerolt hebben, wanneer ze daar uit gaan en haar genoegen gegeten hebben, dan lopen zy met groote ſpoet weêr in haar blad, waar in zy ook een geſpin maken, en in een Popje veranderen, ik heb bevonden dat daar Uiltjes uit kwamen, welker voorlyf ligt bruin, en het agterſte gedeelte en bovenſte vleugels wit zyn.

Onder leit een ligt geele Maade die ik in de drek der Wormen gevonden heb, welke in drie dagen veranderde in een bruin Tonnetje, na veertien dagen kwam daar zulk een Vlieg uit, als onder vertoont wort.

Aan het bovenſte van een groen blad vertoont zig een groen Rupsje, als men ze ſtoort dan laat ze zig aan een draatje neêr, en begeeft zig daar aan ook weêr na boven, ik heb ze met deze bladeren gevoet tot den twaalfde Juni, doe veranderde ze zig in een geele Pop, den ſes en twintigſte Juli quam daar zulk een ſwarte Vlieg uit, gelyk mede op een blad verbeelt wort.

De bladen van deze Boom zyn langwerpig rond, aan haar kanten ligjes gekarteld. Zyn bloeizel is geſchikt na de wyze van een Roos met vyf bladen, hebbende dertig of meer vezelen. Het Zaadnesje, dat op de grond van het kelkje is, word een ronde of langwerpige Vrugt, bedekt door een glad en effen vel, waar van het vleesagtige gedeelte zagt is, in 't midden van het welk een langwerpige ſteen is, plat, ſpits aan beyde de zyden, dewelke in zig beſluit een klein Amandeltje. Deze Vrugt is vaſt aan een redelyke lange ſtaart.

VIII

IX

X

XI

VIII.

Paardebloem.   *Taraxacon.*

OP deze wilde Bloem vint men in April een Rups, bruin van lyf; ze heeft aan 't hooft gelyk twee hoorntjes van swart hair, en op de rug nog vyf diergelyke overentstaande bosjes, en is vorders over 't lyf met geel hair bezet, zy maken in 't begin van May van haar eigen hair een Ovaal gespin, en veranderen in een bruine Pop met geel hair bezet, gelyk onder vertoont wort, in 't laatst van May kwam daar een graauw Uiltjen uit, gelyk boven op een blad verbeelt is.

Deze Plant dewelke men ook noemt *Dent Leonis*, *Hedypnois*, *Aphaca* en *Corona*, of *Caput Monachi*, dewyl na het afvallen van de bloemen, hy dan verschynt als met een kaal hooft, brengende van zyn worrel voort eenige lange bladeren, middelmatig breed, nederbuygende tot op de grond, zynde aan d'eene en d'andere zyde diep ingekartelt, op het einde spits gelyk als een pyl; tusschen haar verheffen zig eenige ronde, holle, teedere staarten zonder takken, roodagtig, vervuld met melkagtig zap, dragende yder op zyn top een schoone ronde bloem van een geele koleur; als deze bloem vergaan is, zoo volgt daar op een soort van een hoofd vol van Zaad.

IX.

Dubbeld Moerellebloeizel.   *Cerasa acida, rubra, flore pleno.*

DEze Rups vint men op alderlei Vrugtboomen, dog bezonder op de Karsse en Moerelleboomen, wanneer ze veranderen willen dan spinnen ze een Ovaal, 't welk als zilver glanzig is, en wat bordig gelyk Parkement, daar in verwisselen ze haar gedaante in een bruine Pop, gelyk op twee verscheide bladeren verbeelt is, na veertien dagen komt daar zulk een graauwkoleurig Uiltjen uit, gelyk boven op dit takje vliegende vertoont wort.

Deze Boom is dezelve als de *Cerasus Hortensis*, *flore pleno* van *Casparus Baubinus*, en de *Cerasus multiflora* van Tabernemontanus, of de *Cerasus vulgaris*, *duplici flore* van Lobel. Hare bladeren zyn groot, spits, aan hare kanten gekarteld, haar kelkje is een bloempot, gesneden in vyf deelen, haar bloem is geschikt als een Roos, hebbende vyf steeltjes en dertig vezeltjes, zyn Zaadnesje is een lang pypje 't welk een vleesagtige en ronde vrugt word, die in zig besluit een rondagtige en beenagtige steen, bevattende in zig een pitje na de wyze van een Amandeltje.

B

X.

Kruisbeſſenbloeizel.   *Flos Groſſulariæ, ſativæ, ſpinoſæ.*

IN de Maant April vint men op dit Boomtje een ſoort van Rupſen, bruin van lyf, ſwart geſtreept, met witte plekjes, ze zyn zeer traag in 't gaan, in de Maant Juni ſpinnen ze zig in
een donker geel Ovaal en veranderen in een bruine Pop, in Juli komt daar een donker geel Uiltjen uit, wiens bovenſte vleugels eider een wit vlakje heeft, gelyk in de figuur verbeelt is.

Dit Boompje is het zelve 't geen *Cluſius* beſchryft onder de naam van *Groſſularia majore fructu*, het is zeer getakt, van alle kanten met doornen bezet. Haar bladeren zyn klein, byna rond als geſneden, haar bloemen zyn klein, yder te ſamen geſteld van vyf bladeren in de rondte geformeert, vaſtgehegt aan de buytenſte kanten van haar kelkje, dewelke in vyf deelen is be- ſneden of gekartelt: na deeſe bloeiſel komt 'er een ronde Vrugt voort, vleeſagtig, dik, als een Druyf, geſtreept, in den beginne groen, en vol van een zuur ſap, t'ſamentrekkende, dog ne- mende een geele koleur en een ſoete ſmaak aan, na mate dat ze ryp worden: deze vrugt bevat in zig verſcheide zaadjes.

X I.

Karſſenbloeizel.   *Ceraſus auſtera, florens.*

Diergelyke ligtbruine Rupſen heb ik veeltyds op deze Boomen gevonden, zy krullen de bladeren
in malkander daar ze zig verbergen, ze zyn zeer rat, en lopen zo wel agter als voorwaarts,
als men ze aanraakt dan laten ze zig met een draatje uit haar mont nederwaarts, ik heb ze gevoet
tot den ſeſde May, doe maakten ze een wit geſpin en veranderden in bruine Popjes, den ſeven en
twintigſte October kwamen daar zulke ligtbruine Kapelletjes uit, gelyk ter zyden verbeelt is.
    Zulke geelagtige Rupſen heb ik veel gevonden aan de Karſſeboomen, ze rollen de groene blade-
ren in malkander, en zyn zeer rat, ze lopen zo wel agter uit als voorwaarts, aangeraakt zynde laten ze zig aan een draat nederwaarts, waar aan ze zig ook weder na boven weten te voegen, ik heb
ze gevoet tot den ſeſde May, doe maakten ze een wit geſpin, den ſeven en twintigſte October
kwamen daar zulke ligtbruine Uiltjes uit, gelyk boven op een groen blad verbeelt is.

XII

XIII

XIV

XV

X I I.

Geele Violier.   *Viola lutea.*

OP deze Muurbloem vint men zulke dunne groene Rupſen, ze zyn na proportie langer als andere Rupſen, ze hebben onder 't lyf geen voeten, wanneer ze voortgaan dan brengen ze het
agterlyf by het voorſte, maaken alzoo een hooge bogt, en ſpoeden zo haar weg, ik heb bevonden
dat ze zig in Juni op een blad vaſt ſpinnen en veranderen in een bruine Pop, in Juli komt daar een
ſchoon bruin Kapelletje uit, gelyk hier naaſt de Bloem verbeelt is.

Op die geele Bloem legt een wit Wormtje, 't welk ik in een Raap heb gevonden, dit veranderde in een Tonnetje, na tien dagen kwam daar een kleine Vlieg uit, gelyk boven op de Bloem verbeelt is.

Deze Plant is dezelve, dewelke Caſparus Bauhinus *Viola, Montana, Lutea, grandiflora* noemt. Hare bladeren ſyn lang en ſpits, vaſtgehegt aan lange ſtaarten, tuſſchen haar klimmen op klyne Zuyltjes, dewelke onderſteunen een groote geellagte bloem, ſamengeſteld uyt vyf bladeren, en een ſoort van een tepeltje of van een ſpoor, die onderſteunt worden door een kelkje, tot op de grond toe verdeeld in vyf deelen. Wanneer de bloem verwelkt is, komt een driehoekige Vrugt te voorſchyn, dewelke zig aan drie zyden opent als ſe ryp word, in zig bevattende verſcheide ronde zandjes.

X I I I.

Pruimen van Damaſt.   *Flos Prunæ Damaſcenæ.*

ZUlk een ſchoone groene Rups met ſwarte ſtreepen en geele koraaltjes, heb ik met deze bladeren gevoet tot in 't laatſte van Juni, als wanneer ze zig in een Ovaal, blinkende als zilver
en bordig als Parkement heeft ingeſponnen, en veranderde in een bruine Pop, in 't begin van Au-
guſtus kwam daar zulk een ſchoon Uiltjen uit, welkers onderſte vleugels geel, bruin geſtreept,
en ſchoon gevlakt zyn.

Aan het onderſte groene blad hangt een Beesje met een bruine harde ſchors omvat, dit gaat
langzaam met zyn huisje voort gelyk de ſlakken, ik heb het gevoet met deze bladeren tot den
twintigſte Juni, doe bleef het ſtil leggen, den elfde kwam een zulk wit Uiltjen daar uit, gelyk
boven het bruine Rupsje verbeelt is, het ander Beesjen daar tegen over is ook van dien aart.

De bladeren van deſe Plant zyn langwerpig en redelyk breed, een weinigje aan haar kant gekartelt. Haar Blom heeft vyf bladeren.

B 2

X I V.

Roode Aalbeſſebloeizel.   *Groſſularia hortenſis, non ſpinoſa, florens.*

MEn vint een ſoort van Rupſen op deze Boomtjes, welkers voorlyf uit den geelen, en het agterlyf boven wit en onder geel is, ik heb ze gevoet tot dat ze veranderden in een Pop,
gelykende wel een gebakert kint, als met gout en zilver verziert, in 't laatſt van Juni kwam daar
een Kapelle uit, welkers bovenzyde hooggeel en bruin gevlakt, en van onderen bruin met ſwarte
plekken verziert was.

Het is het zelve Boompje als de *Ribeſium, fruĉtu rubro,* van
Dodonæus, en de *Groſſularia, multiplici acino* of *non ſpinoſa,
Hortenſis rubra,* of *Ribes Officinarum,* of Winkelkruyd-bezie-
boom van de Pinax van Caſparus Bauhinus. Dit Boompje
brengt voort een meenigte van looten of ſpruitjes, ontrent anderhalf ellen hoog. Zyn bladen gelyken na een Wyngaard blad,
dog kleinder, zagter en bogtiger, van een donker groen, glad,
en rondom gekarteld. De bloemen van dit Boompje zyn tros-
gewyſe te ſamen gevoegt, waar van de zuiltjes uit de holligheden van de bladeren voortkomen: yder van deze bloemen is te
ſamen geſteld van vyf purperagtige bladeren, geformeert als een
Roos, en voortkomende uit de kerven van een kelk, gegroeit
op de wyſe als een bekke, waar van het agterdeel verandert
word in een ronde en roode kern, blinkend, ſagt, vol van een
ſuur ſap, en breed twee diameterale ſtreepen, hebbende in zig
verſcheide korreltjes die de gedaante hebben van een niertje.

X V.

Boterbloemen.   *Ranunculus pratenſis.*

ZUlke bonte Rupſen heb ik met deze groente gevoet tot in de Maand Juni, doe veranderde
ze in een ſwarte Pop, waar uit een ſchoone Kapelle kwam, welkers bovenſte vleugels ligtgeel
met ſwarte ſtippels, en de onderſte vleugels Oranjenkoleur met ſwarte ſtreepjes verziert waren.

Caſparus Bauhinus noemt deze Plant *Ranunculus Pratenſis,
erectus, acris,* en Johannes Bauhinus *Ranunculus erectus nonrepens
flore ſimplici luteo,* en Lobel *Ranunculus Pratenſis ſurrectis cauli-
culis.* Tot deze ſoort moet men niet overbrengen de *Ranunculus Sylveſtris* van Tabernemontanus, gelyk de Bauhini gedaan
hebben. Die van Tabernemontanus is deſelve als de *Ranunculus polyanthemos* van Lobel, waar van de Wyfjes veel ſynder
gekartelt zyn, en die van de *Ranunculus Hortenſis erectus flore
pleno* niet verſchilt van Caſparus Bauhinus, als door deze bloemen die enkeld zyn: over ſulks heeft de Heer Rai zig daar in
bedrogen gevonden, zeggende dat de dubbelde was eene verandering van de *Ranunculus Pratenſis, erectus, acris* van Caſparus Bauhinus, dewelke met reden daar van de *Polyanthemos* van
Lobel onderſcheiden heeft. De Wyfjes van deze plant zyn in
verſcheide deelen zeer diep ingeſneden, hare bloemen zyn op
verſcheide plaatſen geſchikt als een Roos, in zig bevattende
veel vezelen: na dat hare bloemen zyn afgevallen of verwelkt,
ſoo volgen daar op ronde Vrugten of rolswys rond; Ceſalpinus
heeft van de *Ranunculus* ſoo verwardelyk geſproken, dat het
byna onmogelyk is te bepalen onder wat voor een naam hy van
deze geſproken heeft. Caſparus Bauhinus heeft gelooft dat het
was onder die van de *Ranunculus levi ac molli folio,* alhoewel
deze naam hem weinig voegt.

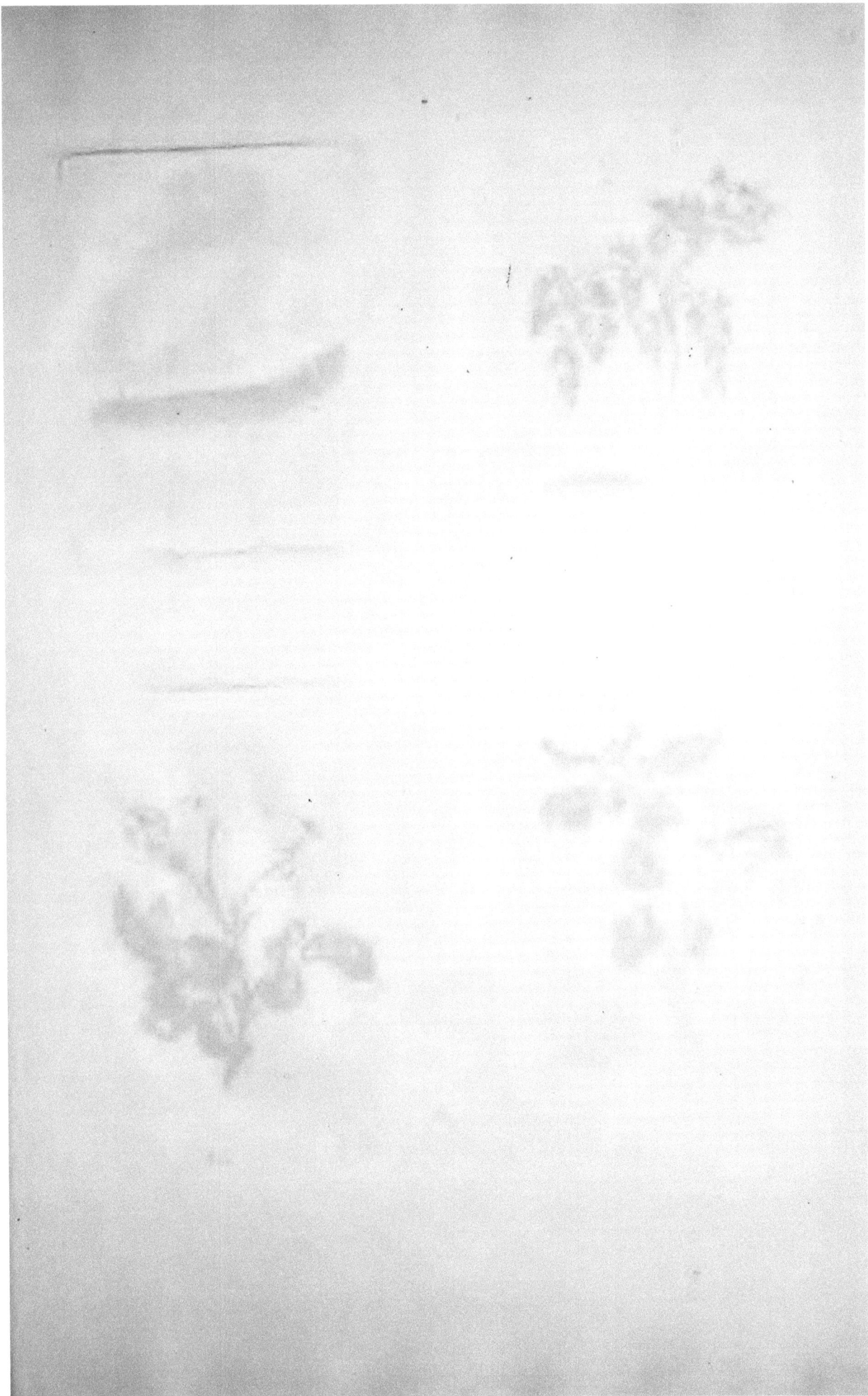

XVI

XVII

XVIII

XIX

XVI.

Kervel.   *Cerefolium.*

DIt Kruit is het voedzel van een groene witte geſtreepte gladde Rups, ik heb ze gevoet tot
in 't laatſte van May, doe maakte ze een dun geſpin, en veranderde in een Kaſtanjebruine
Pop, na veertien dagen kwam daar een bruin Uiltjen uit, gelyk in de figuur verbeelt is.

Deze moeskruidige Plant groeit byna een voet hoog, en le-
verd uit van hare wortel veel teedre en takagtige, gladde, lange, en van buiten geronde ſteeltjes, maar van onderen hol, na
de wyſe van kleine gootjes, zynde bleekgroen: voornamentlyk
na de beneden kant, ſomtyds roodagtig na de boven kant,
wanneer zy haar zaad ſchieten, opgevult met veel ſap: haare
bladeren zyn zeer gelykende met die van de Scheerling, maar
ze zyn veel kleinder, dunder en een weinig dieper ingeſneden,
en ſagter in het aanraken, van een gemengeld groen, van de
bovenkant omzet met zeer fyne hairtjes, ſomtyds roodagtig,
doordrongen met ſap. De ſmaak en de reuk van deze bladeren
is lieflyk en geurig, haare bloemen komen aan de top van de
takken te voorſchyn als een Zonneſcherm, wit, klein, ſamen-
geſtelt uit vyf ongelyke blaadjes geſchaart als Roſen, en met
even ſoo veel vezelen in een kelkje, dewelke, als de bloem
is afgevallen, een langwerpige Vrugt word, vol van twee langwerpige zaden, dun, ſpits en zeer gelykende na de bek van
een Vogeltje, van een donker graauwe koleur, waar van d'eene glad en d'andere hard is in het aanraken. Haar wortel is
enkeld en ſtrekt zig uit in de lengte langer als een halve voet, effen, regt en dik na de boven kant, allengkens dunder afloo-
pende als een Rotte ſtaart, tot aan het uiterſte einde, 't geen
byna is als een punt, aan de buitenſte bovenkant voorzien met
zeer na by elkander ſtaande vezeltjes: zy is wit, teeder, vleesagtig, en wegens de ſmaak wat ſcherpagtig: zy heeft van binnen een ſoort van een zenuw, gelykende na een dun touwetje,
zeer teeder en ligt om te breeken. Het grootſte gedeelte van de
Kruid-kenders noemen deze plant *Charophyllum.*

XVII.

Wonderbare Rupſen.   *Vermes miraculoſi.*

DEze twee groote, dog malkander in gedaante en koleur verſchillende Rupſen, heb ik in 't
Gras gevonden, het welk haar voedzel is; zy veranderen op de ordinaire manier, zig zelf
inſpinnende verwiſſelen ze haare geſtalte in een graauwe Pop, waar na uit elk een groote donker
Oranjekoleurde Uil te voorſchyn kwam, die malkander byna in alles gelyk waren.

C

X V I I I.

Appelbloeizel.   *Malus mellea florens.*

Dit slag van Rupsen is alle Vrugtboomen zeer schadelyk, dog voornamelyk de Appelboom, ze verspreiden zig des daags over den geheelen Boom, en des nagts komen ze alle by malkander in een bondel of het spinneweb was, deze Rups is uit den bruine, heeft op elk lit op haar rug gelyk blaauwe en roode koraalen, wanneer ze een dun gespin om zig gemaakt hebben, dan veranderen ze in een bruine Pop, waar uit na veertien dagen een witte bruin gestreepte Uil voortkomt, wanneer die haar eiertjes geleit hebben, dan dekken ze dezelve met een geelagtige dons, dat men de eiertjes niet zien kan, waar door ze des Winters voor de koude wel beschermt zyn.

Nog heb ik op de Appelboomen een klein geelagtig Rupsje gevonden, welk in 't laatst van May een gespin om zig maakte, daar ze in overwinterde, en in 't Voorjaar kwam daar een kleine Vlieg uit, gelyk boven vertoont wort op de groene bladeren.

Daar zyn tweederlei soorten van Appelboomen, d'eene Tamme en d'andere Wilde: de aangequeekte kan onderscheiden worden door groot en klein stamde. De bladeren van deze Boom zyn langwerpig of byna rond, d'eene stomp en d'andere spits, aan haare zoomen en weinigje gekartelt, van onderen een weinig ruigagtig als zy nog jong zyn. Haar Bloeissels zyn gemeenlyk geschikt als de Roosen met vyf bladeren, wit, trekkende na een purpere kolur, gehegt aan korte steeltjes: na dat haare bloeissels zyn afgevallen, zoo volgen daar op vleesagtige Vrugten, byna rond, hol, en diepagtig als een navel in de plaats daar het steeltje aan vatt gehegt is, en van voren ook gehold door een andere kleine diepte; daar zyn in het midden van deze vleesagtige Vrugt vyf huisjes, vervult met langwerpige korreltjes, bedekt met een bruin of roodagtig schiltje, vervult met een wit pitje. Het onderscheid dat men bespeurt tusschen de Vrugt van deze Boom, bestaat in de dikte, koleur, en in de smaak. Men ziet 'er ook selfs die de smaak en koleur van een Peer deelagtig zyn. De onderscheidentheden komen voort van de lootjes, die men ent op de Appelboomen. Al de Appelen zyn bedekt met een dun schilletje, sagt in 't aanraken, effen en glinsterende, het vleesch van de meeste is wit, of wat trekkende na den geele, en van eenige rood.

X I X.

Roode Roozen.   *Rosa incarnata.*

Boven op de Roozeknop zit een kleine groene Rups, die niet alleen de groene bladeren op eeten, maar ze hollen ook de knoppen van binnen uit, zo dat ze de Roozen haar volkomen wasdom beletten, zy veranderen in 't laatst van May in een Okerverve Pop, in Juni komen daar zulke Kapelletjes uit, gelyk op de Roos verbeelt is.

Onder aan de steel van de Roos kruipt een kleine bruine Rups, die mede de knoppen uit eet gelyk de andere, ze veranderen in May, in Juni komen daar zulke Kapelletjes uit gelyk ter zyden een vliegende verbeelt is, welkers bovenste vleugels Okervervig en de onderste graauw zyn.

Van onderen op een groen blad zit een groene Rups, welkers aart is altyt onder de bladeren ruglings te gaan eeten, ik heb ze gevoet tot den tienden Juni, wanneer ze een dun wit gespin maakte, en in een houtvervige Pop veranderde, den zes en twintigste dito kwam daar een bruin Uiltjen uit, gelyk op de afgevallen Roos verbeelt is.

XX

XXI

XXII

XXIII

X X.

Hagedoornbloeizel.   *Oxyacantha florens.*

Eze bontgekoleurde Rupfen vint men veel op de Hagedoorn, dog ze zyn ook niet vies van de bladeren der Vrugtbomen, na dat ik ze eenige tyd gevoed had, maakte ze een graauw gefpin, en veranderde in een bruine Pop, die zo levendig was, dat als men ze aanraakte, ze zig rontom rolde, na twaalf dagen kwam daar een wit Uiltjen uit, 't lei geele eiertjes en ftierf.

Deze vuile Wormen vint men in ftinkende geuten, ze veranderen in Tonnetjes met ftarten, daarom ook wel genaamt Muisjes, ik heb bevonden dat daar na zeventien dagen een trage geelagtige Vlieg uit komt.

Dit is het zelve Boompje, 't welk Cafparus Bauhinus en Pit. Tournefort *Mefpilus Apii folio fylveftris fpinofa* noemen, en 't welk Joannes Bauhinus *Spinus albus* noemt. Dit is een voltakkig Boompje, bezet met ftekelagtige en ftyve doornen, bedekt met een bruin fwartagtige of roodagtige fchorfe. Haare bladeren gelyken na die van de Eppe, van een lymagtige fmaak; haare Bloeifels waffen als in een gedrongen by meenigte of als Ruikertjes, vaft gehegt aan witte fteeltjes, van een foete en aangename reuk, een yder van dezelve is als een Roos, te famengefteld van vyf kleine blaadjes, en van roodagtige vezelen. Haar Vrugten zyn van de groote van de Beffen van een Myrteboom, rond, roodagtig, wanneer ze ryp zyn, gelyk als Zonnefchermpjes, hangende van hare fteeltjes, een yder van haar hebbende een kleine kroon of zonnefcherm van een fwarte koleur. Deze Vrugt is een vleefch of fagte en lymagtige bol, die in zig bevat twee harde en witte fteentjes.

X X I.

Queebloeizel.   *Cotonea flos.*

Ulke groote Rupfen heb ik op deze Boomen gevonden, ze zyn Okergeel en fwart geftreept met witte ftippelen, de kop en ftart is Oranjekoleur, wanneer men ze aanraakt zo maaken ze met de kop een groote beweeging, ik heb ze met deze bladeren gevoet, tot dat ze een geelagtig bordig gefpin maakte, en veranderde in een Pop, na drie weeken kwam daar een Okerverwige Uil uit die den geheelen dag ftil zat, als men ze aanraakte dan vloog ze heel onbezuift overal tegen aan, dezelve leit geele eieren.

Dit is een klein Boompje, waar van het hout hard is, krom, witagtig, bedekt met een baft een weinig effen en hobbelig, en van buiten afchverwig, en roodagtig van binnen. Haar Bladeren zyn van de groote van den Appelboom, heel, witagtig, van onder wolagtig: haar bloeifels zyn gefchaart als een Roos met vyf bladeren, gelykende na Hondsroofen, zynde lyfverwig van koleur: na dat het bloeifel is afgevallen komt 'er voort een Vrugt van buiten wolagtig, vleesagtig, en wit van binnen, dewelke heeft vyf kamertjes met langwerpige korreltjes of zaden, aan het eene einde fpitfer als aan het andere.

X X I I.

Roos.   *Rosa multiplex, media.*

ONder op het steeltje van de Roozenknop zit een klein geel Rupsje, dit veranderde in Juli in een groen en root Popje, na veertien dagen kwam daar zulk een aardig graauw Beesje uit, gelyk ligt Okerkoleur, en wit geftreept zynde.

Diergelyk een Rups leide zig neêr of ze dood was, na eenige dagen kroopen daar vyf Maaden uit, die in witte Tonnetjes veranderden, welke Tonnetjes de voorfchreve Rups aan malkander fpon, en ftierf, na veertien dagen kwam uit elk Tonnetje een klein Vliegje.

Dit is het zelve Boompje, het welk Joannes Bauhinus en Clusius *Centifolia Batavica* genoemt hebben: de takken van dit Boompje zyn hard, omzet met ftyve doornen: zyn bladeren zyn langwerpig, hard in 't aanraken, rondom gekarteld: zyn bloeifel beftaat uit verfcheide groote bladeren, onderfteunt door een kelk die in 't vervolg een cyronde Vrugt word, na de wyze van een Olyf: zyn baft is wat vleesagtig, zy bevat in zig cenige zaden, dewelke ruig en hoekig zyn.

X X I I I.

Krieken.   *Cerafus major, fructu fubdulci.*

DEze fchoone Rups heeft dwars over den rug gelyk fwarte banden met Paarlen geborduurd, ik heb ze met deze bladeren gevoet, eens by gebrek van fpys aten ze malkander op, ze fponnen in Juli een Ovaal blinkende als zilver, en veranderden in Popjes, in Augufti kwamen daar fchoone Uiltjes uit, zynde fwart, wit, graauw, oranje- en rooferoot gekoleurt.

Op de Kriek vertoont zig een fchoon Zeegroen Rupsje heel gaauw in 't lopen, dit veranderde in 't begin van Augufti in een bruin Popje, in 't laatft van deze Maant kwam daar zulk een Kapelleke uit, gelyk in de figuur verbeelt is.

XXIV

XXV

XXVI

XXVII

XXIV.

Goote Roos.   *Rofa maxima, multiplex.*

Dit zoort van kleine Rupfen zyn groen met fwarte hoofjes, eeten van binnen de steelen en knopjes uit, op dezelve wyze, gelyk aan het onderfte knopje te zien is, als men ze aanraakt, dan
laten ze zig aan een draat neêr, en aan de zelfde draat werken ze zig ook weêr na boven, in 't
laatft van May veranderen ze in bruine Popjes, na veertien dagen komen daar zulke als goutblin-
kende Kapelletjes uit, die zeer vaardig zyn in t' vliegen, en geftoort zynde, zig heel aardig onder
de bladeren weten te verbergen.

XXV.

Groote Kruisbeffen.   *Fructus Großulariæ, fpinofa.*

An een blad vertoont zig een groene Rups die bynâ over ent ftaat, als men ze aanraakt dan
flingeren ze met het bovenlyf heen en weêr, ze houden zig met de agterfte pooten zo vaft,
dat men ze naauwlyks zonder te befchadigen los kan trekken, ik heb ze gevoet tot in 't laatft van
May, doe veranderde ze in bruine Poppen, na veertien dagen kwamen daar witte, bruine, geplekte Kapellen uit, gelyk onder op de figuur verbeelt word.

Op een Bes zit een Rupsje, 't welk in 't midden groen, en het voor en agterlyf geel en fwart
geftippelt is, ze zyn deze Vrugt zeer fchadelyk, ze vervellen tot verfcheide maalen, en worden
elke reis fchoonder, in 't laatft van May veranderen ze in Popjes, na drie weken kōmen daar geele
Vliegen uit, gelyk mede op deze zyde verbeelt word.

D

X X V I.

Groote Brandenetelen.   *Urtica urens, major.*

DEze groente is het voedzel van een zoort swarte Rupsen, ik heb daar van eenige in een doos
bewaart, die zig den veertienden Juni alle boven aan het dekzel vast gemaakt hadden en verandert waren in bleekgeele Poppen, myne nieuwsgierigheid dreef my om een daar van te openen,
die ik aldus bevont, gelyk onder aan een blad afhangende verbeelt is, den agtentwintigsten dito
kwamen daar Kapellen uit, welkers buitenste zyde bruin, en de binnenste donker oranje, met swart
en purper zeer schoon gekoleurt is.

Uit een derzelver Popjes, die wel de grootste was, kwam een swarte stinkende Vlieg uit, gelyk
boven de Pop op een blad zittende verbeelt is.

Ik heb ook in den drek van deze Rupsen, Maaden gevonden, die veranderden in swarte Tonnetjes, na twaalf dagen kwamen daar zulke Vliegen uit, gelyk onder vertoont word

Deze Plant, die dezelve is, als de *Urtica urens maxima* van Casparus Bauhinus en van Pit. Tournefort, doet uitspruiten eenige takagtige, ronde, vierkantige en holle steeltjes, bezet met een stekelig hair, bekleed met tegen elkander overgestelde bladeren, breede, driehoekige, spitse, gekarteld aan hare kanten, voorzien met een stekelagtig en brandend hair, gehegt aan hare steeltjes. Hare bloempjes komen voort uit het boven-ste van de stammen: en eenige takjes uit de holligheden van de bladeren, zynde vier aan vier kruiswys geschikt aan yder paar bladeren: yder heeft verscheide vezeltjes, ondersteund door een kelk met vier bladeren: op deze Bloemen volgen ronde Vrug-ten, die als hair te zamen gesteld van verschide kapjes of doos-jes die zig openen in twee deelen, en in zig bevatten een ey-rond en puntagtig zaad. De Heer Boerhaaven stelt dat 'er zyn mannelyke, vrouwelyke en man-wyvige Brandenetels.

X X V I I.

Roode Willige.   *Salix acuto folio.*

OP het lange afhangende blad vertoont zig een Beesje, zynde geheel met swarte stipjes. Den
veertienden Juni maakte het zig aan een blad vast en veranderde in een Popje, na vyftien
dagen kwam daar zulk een Tor uit, gelyk boven op een blad zit, die haar zaat weêr op deze bladeren leggen, waar uit dan gevolgelyk weêr jonge Beesjes uitkomen.

Op het onderste blad vertoont zig een bruin Rupsje. Ik heb ze met deze bladeren gevoed; den
zesden Juny maakte ze een gespin, en bleef daar in tot des anderen Jaars in May, doe kwam daar
zulk een Vliegje uit, gelyk onder verbeelt is.

Deze Boom doet uitspruiten dunne takjes, overtrokken met een roode of donker purpere koleur. Hare bladeren zyn smal, lang, en aan hare kanten gekorven, zonder hair, van onderen een weinig wit. Hare groene schiltjes zyn als lange Koorn-aaren, te samen gesteld uit eenige bladeren, uit welkers grond voortkomen eenige vezelen. De Vrugten beginnen voort te komen als Koorn-aaren, overladen met eyertjes, die daar na worden als kleine vleesagtige, langwerpige doosjes, in zig be-vattende zeer dunne zaadjes. Dodoneus en Johannes Bauhinus hebben gemeent, dat de Bloeizels van deze Boom als hairagti-ge korreltjes wierden; maar Cesalpinus heeft zeer wel aange-merkt, dat de Wilgeboom, die bloeizels voortbrengt, geen Zaad uitlevert, en dewelke Zaaden doen voortkomen, niet en bloeyen.

XXVIII

XXIX

XXX

XXXI

XXVIII.

Gevlamde Roos. *Rosa versicolor.*

Eze op de Roos zittende Kastanje-bruine Rups kruipt op haar buik, om dat ze maar voor drie pooten heeft, ik heb ze met deze Roozen gevoed tot in 't laatst van Juni, doe wond ze zig in een Roozenblad, en veranderde in een bruine Pop, gelyk op de Roos te zien is, na veertien dagen kwam daar een swart en wit gevlakt Kapelletje uit, mede op de Roos zittende verbeelt.

Aan de steel zit een groen Rupsje, die heb ik ook met Roozenbladeren gevoed. In 't begin van Juli veranderde het in een Popje, na veertien dagen kwam daar een Okergeel Kapelletje uit, gelyk onder vertoont word.

Diergelyk een Rups leide zig neêr of ze dood was, uit welke een witte Maade kroop, die na een korten tyd veranderde in een Tonnetje, na veertien dagen kwam daar zulk een Vlieg uit, gelyk op het middelste blad verbeeld staat.

XXIX.

Witte Aalbessen. *Grossularia hortensis.*

En schoone wit en swartgevlakte Rups geneert zig op deze Boompjes, wanneer deze Rups voort wil dan zet ze haar agterlyf by het voorste, maakt met haar lyf een hooge bogt, en gaat zo haar gang. Ik heb ze met dit groen gevoed tot den dertienden Juli, doe veranderde ze in een ligt bruine Pop, in 't laatst van deze Maand kwam daar een schoon wit, geel en swartgevlakt Kapelletje uit, 't welk zeer rat in 't vliegen was.

X X X.

Palmwillige.   *Salix caprea, latifolia.*

Eze schoone Rups heb ik met deze bladeren gevoed, den agtsten Juni veranderde ze in een swarte Pop met witte plekken en met wit hair bezet, na veertien dagen kwam daar uit een wit Uiltjen, zo glanzig als Paarlemoer, en leide witte eiertjes.

De onderste witte Worm heb ik in de Aarde gevonden, en in een doos met Aarde bewaart, en met verscheide wortels gevoed tot in May: grooter geworden zynde, doe wierd hy op de rug bruin gevlakt, ten laatsten veranderde hy in een Oorworm.

Daar zyn twee afbeeldzels van deze Plant in de Beschryving van de Planten van Lion. De *Salix aquatica* Lobel. schynt verschillende van die gene die men hier ziet, maar de bladeren daar van zyn zoo lang, dat het te verwonderen is dat Casparus Bauhinus ze brengt onder een soort van een *Salix folio ex rotunditate acuminato.* Men moest deze dan ten minste onderscheiden als iets dat daar van veel verscheelt.

X X X I.

Kleine Kruisbessen.   *Grossularia alba vulgaris.*

It soort van Rupsen geneert zig op alderlei Vrugtbomen, dog voornamelyk op de Kruisbessen; het lyf is graauw, langs de rug loopt een swarte streep, ze zyn heel ruig van hair, het hooft is geel, agter het hooft hebben ze aan elke zyde vyf blaauwe, en langs het lyf roode koraaltjes. Zy veranderen in Augusti in ligtbruine Popjes, die, als men ze aanraakt, zig omwentelen. In September komen daar zulke Uilen uit, die wit, geel en swart gestreept zyn.

XXXII

XXXIII

XXXIV

XXXV

X X X I I.

Gemeen Gras.   *Gramen pratense , vulgare.*

DEze graauwe Rups heb ik met Gras gevoed tot in Juli, doe maakte ze een graauw gespin en
veranderde in een graauwe Pop.   In Augusti kwam daar een donker Oranjekoleurde Uil uit,
die groene eiertjes leide.

De bladeren van deze Plant zyn lang, dun, teeder, groen, spits: daar schieten tusschen haar op eenige pypjes of ronde steeltjes, omkleed met eenige bladeren, en dragende aan hare toppen roodagtige aaren, daar vezelagtige bloemen aan gehegt zyn, waar van de kelk schubagtig is. Na deze bloemen komen daar langwerpige en roodagtige korrels te voorschyn. Het gemeene Gras of het regte Gras van Clusius en verschilt niet van het goude Gras omtrent zyn wortels, dewelke is lang, hart, langs de aarde voortkruipende, de een den andere omvlegtende, maar wegens zyn pypje dat korter is, en wegens zyn aaren die kleinder zyn als die van het Hondsgras, en zyn geschikt als een Waayer, of gelyk de Vingers van een Hand. Johannes Bauhinus noemt dit Kruid *Gramen pratense vulgare, spicâ ferè arundinacea magna.* Men vind somtyds dit Hondsgras met een Rietpluim, negen of tien duim lang; men moet ze niet onderscheiden van het *Gramen Pratense, paniculatum, majus, latiore folio, τόπ Theophrasti*, als weinig daar van verschillende.

X X X I I I.

Slee Pruimen.   *Acacia Germanica.*

DEze Rupsen zyn blaauw, geel en wit gestreept, ze beminnen het vogt zeer, des avonds voegen ze zig alle by malkander in een gespin, gelyk een spinneweb.   Ik heb ze met deze bladeren gevoed tot den tienden Juli, zy sponnen elk een Ovaal gelyk de Zydewormen, en ze veranderde in swarte Poppen : in 't laatst van Juli kwamen daar ligtbruine Uiltjes uit.   Ze leggen haar eiertjes rontom de takjes, als een ring, daarom zyn ze beswaarlyk om uit te roeijen.

Ik heb in haar drek Maaden gevonden, die veranderden in Tonnetjes, na veertien dagen kwamen daar zulke Vliegen uit, gelyk boven verbeelt is.

De onder aan de steel zittende geelagtige Rups was zeer gaauw in 't loopen, ze maken haar woning in een groen blad tot malkander gerolt, ze geneerde zig met deze bladeren tot 't laatst van May, doe veranderde ze in een bruine Pop, na veertien dagen kwam daar een ligtbruin Uiltjen uit.

Dit is een doornagtig Boompje, hare bladeren zyn langwerpig, redelyk breed, afgerond, en aan haar kanten ligtelyk gekartelt: hare bloeisels schieten eerder uit als hare bladeren, dewelke zyn klein, bitter, wit, teder, yder van haar te samen gesteld uit vyf bladeren, en eenige vezeltjes in 't midden. Wanneer haar bloeizel is afgevallen, zo volgen daar op eenige kleine Pruimen, als een dikke Razyne korrel, byna rond of ey-rond, van een swarte koleur een weinig na den blaauwe trekkende. Deze Vrugt bevat in zig een dikke steen, als die van een Kers, ey-rond of een weinig langwerpig.   Men heeft in de figuur van Tabernemontanus vergeten te vertoonen de Doornen van deze Plant.

E.

X X X I V.

Hondsdraf.   *Hedera terrestris , florens.*

DIt Kruid is het voedzel van deze groene Rups, als men ze aanraakt dan rollen ze zig in malkander, en blyven in deze geftalte een langen tyd leggen, ze veranderen in 't laatfte van
Juli, in Augufti komen daar Uiltjes uit, welker vleugels houtvervig, en de bovenfte met groene
ftreepen geçiert zyn.

De gemeene aardagtige Klimop van de *Pinax* van Cafparus
Bauhinus ftrekt zig uit in de lengte door middel van veele of
verfcheide vierhoekige teenen, vol vezelen, dewelke van alle
kanten te feffens langs de riviertjes als voortkruipende voortkomen, gelyk ook in de Doornheggen en in de Velden, doende
uitfchieten, die men vierkante roodagtige ftammetjes, waar
uit voortkomen eenige tegen elkander overftaande bladeren, by
paaren, te famen gehegt door lange fteelen, dewelke oorsge-
wyze rond, gekorven en een duim breed zyn, een weinig wolagtig, en gefneden door eenige gelyke kerfjes. Haar bloeizels
komen voort als ruikers uit de holligheden van de baderen, ze
zyn gemaakt als een mond, of een pypje, van boven gefneden
als twee lippen, blaauw van koleur: op dit bloeizel volgen vier
langwerpige zaden, te famen gevoegt en beftoten in een doosje,
't geen de bloem verftrekt heeft tot een kelkje.

X X X V.

Irias.   *Iris hortenfis , latifolia.*

OP deze harde groene bladeren vond ik zulke groene Rupfen, waar mede ik ze ook een tyd
lang gevoed heb; ik had ze eens verzuimt om eeten te geven, doe aaten ze malkander op,
dog haare gewoonlyke fpyze weêr krygende, lieten ze 't woeden vaaren. Ze waren zeer gaauw
in 't loopen, ze veranderden in October, en des volgende Jaars in Maart kwamen daar bruine Uiltjes uit, die op yder vleugel een witte vlak hadden.

De gemeene Irias van Duitfchland, of de Wilde van de
Pinax van Cafparus Bauhinus (Lifch, welriekende Lifch alias
Kulmus) verfpryd zyn wortel fchuins en krom langs de oppervlakte van de grond: zy is dik, van elkander gefcheiden door
knobbels, gevende van zig een goede reuk, na dat haar over-
tollige en fcherpe humeur vervlogen is. Zy brengt voort eenige bladeren van een duim breed, ronde, een halt el lang, gelykende na een zwaart: in 't midden van haar doet zig op een
regte ftam, takagtig, glad en hart, gepoeyert als of het met
meel of afch bedekt was, dewelke zig zeer ligtelyk los maakt,
hebbende vier of vyf knobbels of knotten, dewelke ieder een
blad voortbrengen, dog kleinder als die van beneden, nog ook
zoo groot niet, na mate dat ze na boven naderen, omvattende
haar ftam zonder fteel. In het begin van de Lente komen de
bloeizels als zekere opgerolde vliezen, zy zyn als van een enkeld ftuk, en verdeeld in zes deelen, met een zuiltje, voorzien
met drie bladeren. Haar kelk verandert in een Vrugt, die
langwerpig rond en driehoekig is, onderfcheide door drie kamertjes, waar in opgefloten zyn eenige platte zaatjes, leggende d'eene boven op de andere.

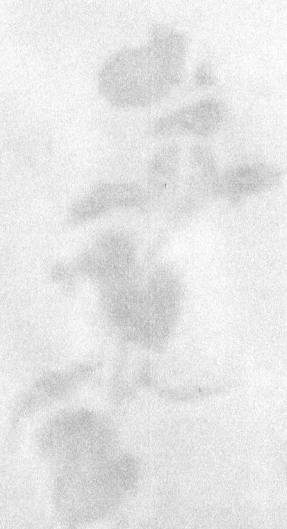

XXXVI

XXXVII

XXXVIII

XXXIX

X X X V I.

Breéwegbladen. *Plantago major.*

DEze Bladeren zyn het voedzel van een groene Rups die zeer traag in 't gaan is, ik heb ze met dit Kruit gevoed tot in Augufti, wanneer ze veranderde in een bruine Pop, in December kwam daar zulk een bruine Uil uit gelyk onder verbeelt is.

De bladeren van deze Plant zyn lang, breed en hairagtig, zynde yder van dezelve gemerkt als met zeven zenewtjes, die langs de bladeren heen loopen, alwaar uit onftaat, dat eenige Kruidkenners haar noemen *Septinervia.* Hare bladeren zyn gehegt aan eenige fteeltjes en op de grond nederleggende. Tuffchen haar fchieten op eenige ftammetjes ter hoogte van een voet, rond, moeyelyk om te breeken, kaal, dragende aan haar topeinden eenige lange aaren, dewelke eenige kleine witagtige of purperagtige bloempjes onderfteunen. Yder van deze Bloemen is een pyp van onderen geflooten, en vaasgewys van boven, gekarteld in vier gedeeltens, en voorzien van verfcheide vezelen. Op deze Bloem volgt een vleesagtige fchil, ey-rond, fpits of hoekig, die zig dwars opend als een Spaans Zeepdoosje, in zig bevattende eenige langwerpige of ey-ronde zaden, van een roodagtige koleur. Deze is dezelve Plant, dewelke Tournefort befchryft onder de naam van *Plantago latifolia finuata.*

X X X V I I.

Roode Aalbeffen. *Groffularia Hortenfis , majore Fructu rubro.*

ZUlke graauwe Rupfen heb ik op deze Boompjes gevonden, en met de bladeren gevoed tot in 't begin van December, doe veranderde ze in een Kaftanjebruine Pop, des volgende Jaars in Februari kwam daar een fchoon wit en fwart geftreept Uiltjen uit, 't welk groene eiertjes leide.

XXXVIII.

Fenkel.   *Fœniculum Hortenſe.*

OP dit Gewas vint men een ſchoone Rups, welkers geheele lyf groen is, met ſwarte banden, gelyk Fluweel, daar op Oranjekoleurde ſtipjes zyn. Ze geeft een aangenaame reuk van zig, als men ze aanraakt dan ſteekt ze aan 't hooft twee Oranjekoleurde hoorntjes op, ze maakte zig vaſt en veranderde in een groene Pop die allengskens graauw wierd: uit deze Pop is de ſchoone Kapelle, die by de Liefhebbers genaamt word Baſſe la Reine, in April en Mai, ook wel in December te voorſchyn gekomen, die ſchoon geel en met ſwart verçiert is.

De ſtammetjes van deze Plant zyn vyf of zes voeten hoog, regt, hol, van een bruine groene koleur, takagtig, vervult met een ſponsagtige pit. Hare bladeren zyn gehakkelt in lange draatjes, van een donker groene koleur, hare topeinden onderſchragen eenige breede Ruikers of Zonneſchermtjes, zynde geel, welriekende, op dewelke eenige bloempjes zyn, na de wyze van een Roos op het topeinde van de Kelk, in 't gemeen van vyf bladeren: na dat de bloem is afgevallen, zoo word de kelk een Vrugt van twee langwerpige afgeronde korrels, op haar buitenzyde ingegroeft, ſwartagtig, plat aan haar andere kant.

XXXIX.

Munt.   *Mentha hortenſis, verticillata.*

DIt Kruit is het voedzel van een ſchoone witte groengeſtreepte Rups, als men ze aanraakt, dan ſlingert ze het hooft veelmaal heen en weêr, ze maakte een dun geſpin en veranderde in een bruine Pop. In Auguſti kwam daar een bruine, gelyk met goud gezierde Uil uit.

Ik vond ook zulk een klein geelagtig Rupsje op dit Kruit, deze veranderde van koleur en wierd Roozenroot, maar ze ſtierf.

In 't Jaar zeventien hondert vond ik in Suriname diergelyke Rupſen op een Kruit genaamt *Callelou*, zynde in 't gebruik gelyk hier de Spenagie. Den agt-tienden Maart veranderde ze in Popjes, den zes en twintigſten dito kwamen daar uit houtvervige Uiltjes, gelyk boven verbeelt is.

Deze Plant doet zyn ſtammetje uitſchieten tot de hoogte van drie voeten, takagtig en roodagtig. Haar bladeren zyn langwerpig, byna rond, redelyk breed, ſpits en rondom hare kanten gekartelt, en een weinig hairagtig. Hare bloemen zyn als een mond, en langs de takken na boven geſchaart met aaren. Deze bloemen worden onderſteunt door kelken, geſchikt als hoornen, aan hare kanten gekartelt. Na dat zy afgevallen zyn, zoo volgt aan een yder daar op vier kleine zaden, opgeſloten in de kelk van haar bloem. De reuk van deze plant is lieflyk, balſemagtig en geurig. Johannes Bauhinus noemt ze *Mentha verticillata, minor, acuta, non criſpa, Ocymi odore.*

XL.

XLI

XLII

XLIII

X L.

Ridderfpoor. *Confolida, regalis, hortenfis.*

OP dit Bloemgewas vint men een Rups, die fchoon van koleur, çierlyk geftreept en geftippelt is, maar ze is zeer traag in 't gaan. Ik heb ze gevoed tot in 't laatft van Juli, doe veranderde ze in bruine Popjes, 't volgende Jaar in Mai kwamen daar uit zulke fchoone Roozenroode, wit en fwart geçierde Uiltjes, die zeer traag in 't vliegen zyn.

De bladeren van deze Plant zyn gekarteld in lange deelen, (zeer diep ingefneden) en byna even dun als de bladeren van de Venkel; zy heeft aan haar uiterfte toppen bloemen in orde gefchikt na de wyze van aaren, en yder van deze bloemen is famengefteld uit verfcheide ongelyke bladeren, van dewelke vyf grooter zyn als de andere, en in de rondte gefchaart. De bovenfte ftrekt zig uit over de benedenfte, op een wyze als een fpits hoorntje, verbeeldende een Spoor, en zy ontfangt in deze Spoor de Spoor van een ander blad. De Vrugt is te famen geftelt uit drie fwartagtige korrels, in zig bevattende eenige fwarte en hoekige Zaden. Pit. Tournefort noemt deze Plant *Delphinium hortenfe, flore majore, fimplici, ex cæruleo, purpureo.* Dodoneus *Flos Regius.*

X L I.

Melden. *Atriplex fylveftris.*

OP de fteel van een blad vertoont zig een overentftaande Rupsje, in diervoegen weten ze van het eene blad op het ander te komen, als zy 't maar bereiken konnen, haar koleur is bleekgroen, onder myn bewaring veranderde ze in Augufti in een bruin Popje. In het volgende Jaar kwam daar een Kapelletje uit, van koleur gelyk een verwelkt blad.

Diergelyke Wormpjes vint men op alderlei gewas dat veel Luisjes heeft, die gebruiken ze tot hare fpyze. De Wormpjes leggen maar ftil, wanneer de Luisjes rontom hen lopen, die zy dan met haar fnuitje weten te vatten, en al het vogt uitzuigen, en laten het ledige vel leggen. Ze veranderen in bruine Tonnetjes, en daar uit komen zulke Vliegen, gelyk in de Figuur verbeelt is.

Het ftammetje van deze Plant groeit ter hoogte van een voet, redelyk dik, regt, takagtig, hebbende lange, fpitfe en h'olhoekige bladeren. Hare bloemen komen voort als boffen of als aaren: yder van haar is voorzien met vyf of zes rootagtige vezelen, onderfteunt door een kelk, ingefneden tot aan de grond toe: haar zaad is dun, byna rond en plat, omvat in een doosje gelyk als geftarnt, dewelke aan de bloem tot een kelkje verftrekt heeft. Op dezelve Plant van de Melde vind men nog een andere foort van Vrugt, die niet voorafgegaan is door eenig bloeizel. Deze Vrugt is t'eenemaal plat, en gemeenlyk afgerond, rondom afgefneden en te famen gefteld uit twee bladeren, zynde de eene geplaatft boven den anderen met kleine bochels: zy bevatten in haar vouwen een plat en byna rond Zaad. Deze Plant fchynt dezelve te zyn, dewelke Morifon befchryft onder de naam van *Atriplex fylveftris, annua, folio deltoide, triangularis, finuato & mucronato, haftæ cufpidi fimili,* en Raii onder die van *Atriplex fylveftris folio haftato five Deltoide.* De befchryvinge van deze laatfte Auteur is goed. Daar is veel waarfchynlykheid dat dit is het foort, 't welk Dodoneus noemt *Atriplex fylveftris.* Wy hebben geen foort van de Melde, die meer eigenfchap heeft met die in de tuinen waffen als deze. Cafparus Bauhinus heeft geen reden gehad van die te voegen by de *Cneoranthe* van Cefalpinus, dewelke die aangenomen heeft voor een Plant die niet en bloeide.

F

X L I I.

Swarte Populier.							*Populus nigra.*

OP deze Boom groeijen veeltyds ronde knobbels, als men ze onryp opent dan zyn ze ledig, maar ryp zynde openen ze zig zelf, en vertoonen ons zesderlei differente Diertjes, waar van 'er twee konnen vliegen, en steeken gelyk de Muggen; dog het eene is wat kleinder als het andere: de andere vier zyn kruipende Beesjes, mede van malkander verschillende, zo in gedaante als groote, de gestalte van het kleinste kan men niet wel bekennen als door een vergrootglas. By deze vier Diertjes legt een druppel taay Water, van groote als een witte Erret, het grootste van deze vier Diertjes eet de andere drie op; als dit zyn voedzel geconsumeert is, dan verandert het in een blaas, na twaalf dagen komt daar een wilde Bye uit, gelyk in de figuur verbeelt is.

Deze Boom doet in den beginne van de Lente uitschieten kleine knopjes of beginsels van bladeren, omtrent zo groot als kappertjes, spits, langwerpig, van een geelagtige groene koleur. Dit is 't geen men in 't Latyn noemt *Gemma seu oculi Populi nigri*, en in 't Fransch *Yeux de Peuplier*. Deze knoppen of spruitjes verspreiden zig uit in breede bladeren, spits, gelyk als de eerste bladeren van de Klimop, wat dunder, rondom een weinig gekarteld, effen, glad, vastgehegt aan dunne en lange steeltjes. Deze Boom is onvrugtbaar of mannelyk, en brengt niet voort als bloeisels zonder Vrugt, of vrugtbaar of vrouwelyk, en brengt Vrugten zonder bloeisel. De Vrugten van de swarte vrouwelyke Populierboom zyn als vliesagtige doosjes, langwerpig, groen, geschaart aan trossen: ryp wordende openen zy zig in twee kromme of ongeboge deelen, in zig bevattende eenige zaaden, voorzien als met eenige vedertjes.

X L I I I.

Lattouwbloeizel.							*Lactuca capitata, florens.*

DEze Rups graauw zynde, met een donkere streep over de rug, stroopte haar vel af, en verwisselde haar koleur in donker bruin. Ik heb ze met Lattouw gevoed tot in 't laatste van Augusti, doe veranderde ze in een bruine Pop, in September kwam daar een Uil uit, welkers bovenste vleugels bruin, en de onderste met het lyf blaauwagtig waren.

De bladeren van deze Plant zyn groot, geplooit, witagtig, doordrongen met een melkagtig zap. Hare stam opgegroeit zynde, verdeelt zig in veel takken, voortbrengende aan hare topenden kleine geele bloempjes, die ruikers worden, als een half lofwerk, ondersteund door een langwerpige dunne kelk, te samen gesteld van schobagtige bladeren. Op deze bloemen volgen langwerpige zaaden, van beide de einden spits, van een aschverwige koleur, voorzien met een soort van vedertjes.

XLIV

XLV

XLVI

XLVII

X L I V.

Kleine Brandenetelen.   *Urtica urens, minor.*

Zulk een geele, fwartgeftreepte Rups heb ik met dit Kruit gevoed tot in Juni, doe veranderde ze in een Pop, na veertien dagen kwam daar een Kapelletje uit, die onder bruin, en boven donker Oranjekoleur met fwarte plekken en ftreepen geçiert was. Als deze Rups in September verandert, dan blyft de Pop zo vaftgemaakt zynde, tot in 't Voorjaar, alsdan komt daar eerft de Kapelle uit. De Pop gelykt zeer wel na een gebakert kindeken; eenige fchynen als vergult, uit zommige komen Maaden te voorfchyn, die veranderen in Tonnetjes, en daar komt dan uit elk een goutagtig Vliegjen, ik heb ook wel in den drek van deze Rupfen Maaden gevonden, die mede in Tonnetjes veranderden, waar uit na veertien dagen Vliegen te voorfchyn kwamen.

X L V.

Koolbloeizel.   *Flos brasfica viridis.*

Dit zoort van geele Rupfen, groen en fwart geftippelt zynde, geneert zig op de Kool, die zy zomtyts zo kaal afeeten, dat niets overblyft als de fteelen der bladeren. Als ze vroeg in 't jaar veranderen, dan komen daar in veertien dagen Kapellen uit, die men in 't gemeen Witjes noemt, maar als ze laat veranderen, dan blyft de Pop den geheelen Winter over; en komen eerft in Mai uit. Ik heb deze Rupfen gevoed, en bevonden dat zig eenige neêrlyden of ze dood waren, doe kropen daar een meenigte Maaden uit haar lyf, die in Tonnetjes veranderden, dan fpon de zelfde Rups ze alle aan malkander, en ftierf; maar de Tonnetjes leverden na twaalf dagen elk een Vliegjen uit.

De bladeren van deze Plant zyn lang, van een roodagtige groene koleur, gehegt aan lange fteelen, dik, teeder, gekarteld aan eenige van haare kanten. Haar bloem beftaat uit vyf bladeren, kruiswys gefchaart, wit van koleur. Uit de kelk komt voort een zuiltje, 't geen eindelyk word als een lange Peulerugt, fmal, langwerpig rond, fpits, vervult van byna ronde zaden, afgefcheiden door twee kamertjes.

X L V I.

Muskusbloem. *Jacea moschata, purpures.*

OP deze Bloem heb ik zulk een hairige bruine Rups gevonden, ze eet ook ander Bloemgewas
meer. Zy maakte van haar eige hair een gespin, en veranderde in een swarte Pop, en bleef
zo de Winter over. Des volgenden Jaars in Maart kwam daar een wit, met swarte streepen en
vlakjes geçiert Uiltjen uit, gelyk by de Figuur verbeelt is.

De eerste bladeren van deze Plant gelyken na die van de Si-
chorie, aliàs Suikerei, want deze zyn een weinig doorsneden,
maar gene die gehegt zyn aan hare staammetjes, zyn smal, styf,
en een weinig hard. De stammetjes zyn hol, beswaarlyk om te
breken, en zagthairig. Hare bloemen zyn gehegt door Ruikers op schobagtige hoofden, van een purperagtige koleur. Op
de Bloem volgen eenige bruine Zaden, beladen met eenige
hairagtige vedertjes.

X L V I I.

Pruimen. *Fructus Prunorum.*

DEze Boom geeft het voedzel aan een schoone geele geborstelde Rups, met een roode punt agter op de staart, wanneer ze zig uitrekt dan vertoonen zig vier swarte als Fluweele streepen
dwars over 't lyf: ik heb ze gevoed tot in 't laatste van Augusti, doe maakten ze een wit bordig
gespin, en veranderden in Popjes, uit zommige kwamen in September, en andere des volgenden
Jaars in April graauwe Uiltjes uit, die ook graauwe eiertjes leiden.

XLVIII.

Malva.   *Malva, folio hæderaceo.*

DIt Bloemgewas is het voedzel van een dikke bruine Rups, wanneer ze veranderen dan rollen ze een blad in malkander en maaken een blaauwe Pop. Zommige hebben my nog in November Kapellen uitgelevert, die van een groen gemengelde koleur waren, zy bleven ook wel in haar blad tot des volgenden jaars in Januari, als wanneer daar diergelyke Kapellen uit kwamen, gelyk gezegt is.

Deze Plant brengt voort ftammetjes van anderhalf voet lang, rond, redelyk dik, takagtig, hairagtig, fomtyds roodagtig, en breiden zig voor 't meefte gedeelte uit langs de grond. Hare bladeren gelyken na die van de Klimop. Hare bloemen zyn klokswyze geformeert, yder tot aan de beneden kant toe, in vyf deelen gekartelt, onderfteunt door lange, teedere en hairagtige zuiltjes. Deze bloem is beloten in een dubbelde kelk, hebbende de eerfte drie infnydingen en de tweede vyf. Daar klimt uit de kelk een ftyltje, vaftgehegt aan de benedenfte kant van de bloem, waar uit voortkomt een platte, ronde en fomtyds fpitfe Vrugt, gelykende na een kleine navel. Het beflait in zig eenige dunne zaden, dewelke de gedaante hebben van een klein Niertje. Cefalpin heeft het merkteken van de Malva volmaaktelyk wel gekent, aangezien hy zegt dat haar bloemen als een bekke zyn, dat haar vrugt is famengeftelt uit veele doosjes, gefchaart rondom als om een Aas of Afch, dewelke yder in zig bevatten een Zaad.

XLIX.

Angelier.   *Caryophillus purpureus.*

DEze zoort van Rupfen vint men des daags onder de Aarde, en des nagts komen ze uit, zy eeten alderlei Kruiden, dog voornamelyk de Angelier; ze zyn van onderen ligtgeel en van boven bruin. Zy veranderen in 't laatfte van Augufti in Popjes, na veertien dagen komen daar Uiltjes uit, gelyk boven op de Bloem verbeelt is.

Eenige dezer Rupfen ftil leggende, kropen daar Maden uit, die in Tonnetjes veranderden. Na veertien dagen kwamen daar groote blaauwe Vliegen uit.

Uit de wortel van deze Plant fchieten eenige fmalle, lange, harde, dikke, groene, ongekartelde bladeren, gehegt by paren rondom de ftam. Uit het midden van haar verheffen zig veel ftammetjes van een verfcheide hoogte, zynde ronde, harde en effen, dragende in hare uiterfte toppunten eenige bloemen, dewelke yder hare bladeren hebben, in de rondte gefchaart, zyn de beneden fmal en boven breed, onderfteunt door een kelk, dewelke is een vliesagtige en langwerpige buys of pyp, daar uit voortgroeit een gedeelte van de bloem, dewelke in 't vervolg een rond langwerpige vrugt word, omflingert van zyn kelk, fig openende door de punt, vervult met platte en als geblaadde zaden.

G

L.

Eike Boom.   *Quercus, cum Fructu.*

DEze Rupfen waren groen en geel geftreept, haar vel afgeftroopt hebbende, wierden ze uit den bruine, en doe ze grooter zynde nog eens vervelt hadden wierden ze donker root. Ik heb ze met deze bladeren gevoed tot in September, doe veranderden ze in bruine Poppen; in December kwamen daar bruine, geele en witgeplekte Uiltjes uit.

Op een der bladeren vertoont zig een ronde knobbel, 't welk een foort van Galnooten is. Deze in Schwalbach in 't jaar 1684. in Juli, in tegenwoordigheid van eenige Medicinæ Doctoren geopent hebbende, vonden wy regt in 't midden een hol, daar in een klein rond zaatjen lag; na twaalf dagen hervatten wy deze obfervatie weêr, en eenige geopent hebbende, vonden wy in elk een Galnoot twee holtens gelyk een klokhuis in een Appel, in elke holte lag een wit Wormpje, maar terwyl myn gelegentheid vereifte om van daar te reizen, konde ik hier in geen verder onderzoek doen, laatende de reft voor andere Liefhebbers.

Deze Boom is regt en dik, verfpreidende hare takken uittermaten in de breedte. Haar ftam is overtrokken met een ruwe ongelyke fchorfe, zynde als gekerft, roodagtig en dik. Hare bladeren zyn langwerpig, breed, zeer diep als groote tanden ingefneden, of als diepgaande golven vaftgehegt aan korte ftaarten. Haare bloemen zyn als langhangende groene ftaartjes te famen geftelt uit kleine kluwentjes, die gehegt zyn rondom een dun ftammetje; deze langhangende groene ftaartjes laten na haar geen vrugt. De Vrugten komen te voorfchyn ontrent plaatfen die van de bloem afgefcheiden zyn, en zyn te famengeftelt uit drie buizen. Zy groeijen in een kelk, te famen geftelt uit kleine hoekagtige bladeren. Hare Vrugten worden Akers genaamt: zy zyn van de dikte der Olyven ey of langwerpig rond, zynde door het einde, die aan de boom vafthoud, ingefchoten, yder beflooten in een harde en gryze kelk, 't geen men in het Latyn *Calyx* of *Cupula* noemt, ter oorzake dat ze na een kleine beker gelykt. Deze Aker heeft een fchorfe zoo hard als leer, blinkende, glad, groen in den beginne, maar die na-derhand ryp wordende, geelagtig word. Onder deze fchorfe word men gewaar een foort van een Amandel of van een hard zaat, te famen geftelt uit twee quabben. Deze Vrugten zyn aan de boom vaft of door lange of korte en dunne fteeltjes. Deze Boom, waar van men hier de befchryvinge en de gedaante ziet, is de *Quercus latifolia mas, quæ brevi pediculo eft,* van Cafparus Bauhinus, of de *Quercus vulgaris brevibus pediculis* van Johannes Bauhinus. Het is zeer befwaarlyk ontrent dit foort met waarheid te kunnen betuigen, of de verfcheidentheden, dewelke men bevind, veranderlykheden zyn die uit dezelve Vrugt voortgroeijen. Om daar over een beflilend befluit te makên, zoo moefte men voor eerft zorg dragen, gelyk als de Heer Tournefort in zyn *Hiftorie van de Planten, dewelke ontrent Parys groeijen,* zegt uit te kiezen de vrugten van deze Boomen, die op zig zelven in verfcheide Landftrecken te zaaijen, en na veele jaaren naauwkeurig waar te nemen of zy geftadiglyk dezelve foorten voortbrengen, dan of 'er verfchillende zyn voor den dag gekomen.

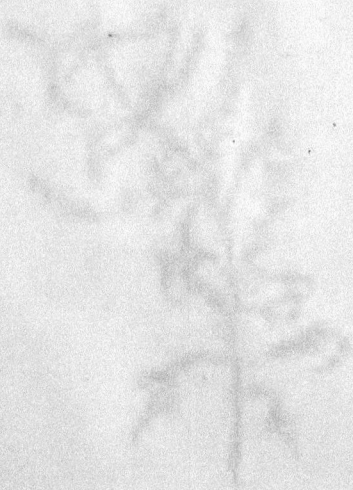

L I.

Blaauwe Viole.   *Viola Martia, purpurea.*

DE Honigbye heeft haar oorsprong uit een stilleggend witagtig Wormken, gelyk onder ter regterhand verbeelt is, en verandert allengskens in de twede gestalt, waar aan zig zes pooten
vertoonen, en gaat zoo voorts in de derde gedaante, die zig met vlerken en ook bruiner vertoond,
tot dat ze eindelyk tot zulk een weezen komt, gelyk ze boven de Viole komt aansnorren.

Dit Wormken, 't welk aan een steeltje van een bloemken kruipt, genaamt Zeitelmade, is witagtig, met een donker roode kop, het voegt zig wel in de Byekorven, en aast op de Wormkens of
Popkens daar de Byen uit voortkomen, en veroorzaakt daar door groote schade aan dit geslagt; dog
als zyne tyd verloopen is maakt hy een wit gespin, en verandert in een bruin Popken, gelyk zig op
een blad dezer bloemkens vertoont. Na veertien dagen komt daar een zulk mooy Uiltjen uit, boven op een dezer bloemkens verbeeld, 't welk na eenige dagen eiertjes legt en sterft.

Deze Plant is dezelve dewelke Casparus Bauhinus *Viola Martia, purpurea, flore simplici* noemt. Zy doet uit haar wortel
voortkomen veel breeder bladeren, gelykende na die van de
gemeene Malva, byna rond, aan haare randen tandswyze gekartelt, groen, vastgehegt aan lange staarten. Daar komen
boven haar dunne steeltjes, die een yder van haar onderschragen
een zeer aangename Bloem van een schoone purpere of blaauwe
koleur, trekkende uit den bruine, van een soete en aangename reuk. Deze Bloem is te samen gesteld uit vyf bladeren, voorzien van een soorte van een spoor, of van een
vliesnet, die ondersteunt worden door een kelk, verdeeld tot
aan de benedenste voet in vyf gedeeltens. Het eyernest op de
bodem van de kelk word, als de bloem afgevallen is, een kegelswyze Vrugt, bestaande uit drie hoeken, dewelke zig opent
als ze ryp is, op drie plaatsen, en verwerpen met kragt verscheide byna ronde zaden, veel kleinder als die van Coriander,
zynde van een witagtige koleur. Haar wortel is vezelagtig.

L I I.

Peerenblossem.   *Pyrus florens.*

ZUlk slag van Rupsen vind men veel op Peer-, Appel-, en Karsseboomen. Haar lyf is uit den
swarte met geelagtige kwasjes bezet, voor hebbende drie klaauwen, in de midden agt ookergeele voeten, en agter nog twee diergelyke: eer ze tot haar verandering komen, vervellenze verscheide maalen, maaken dan een wit gespin, en veranderen in een bruine Pop, na veertien dagen
komt daar een schoone Kapelle uit, zynde uit den ligt bruine, met veelderlei koleur gestipt en gestreept, ook zeer snel van vlugt.

In zommige dezer Popjes bevinden zig veel witte Maden, die in Tonnetjes veranderden, na twaalf
dagen komt uit elk Tonnetje een schoon groen glanzend Vliegje te voorschyn, gelyk onder aan
verbeeld is.

Aan een steel kruipt een kleine witte Rups met een swarte kop, diergelyke vind men ook aan deze
Blossem, deze komen des morgens uit haar gespin om te eeten, dat ze zeer gaauw verregt hebben,
als dan gaan ze weêr in hunne wooning, en spinnen dezelve altyd grooter. Tot een volkomene
groote gekomen zynde, maken ze een wit gespin, veranderen in een Popke, en gevolgelyk in een
Motuiltje, dat dan, eiertjes gelegt hebbende, sterft.

Deze Boom is veel hooger en regter als de Appelboom. Haar
hout is geelagtig, hare bladeren zyn vry breed, rond of een
weinig langwerpig: eindigende in spitsagtige punten, groen,
maar witagtig aan het beneden einde. Het einde van het zuiltje eindigt als een langwerpig eyernest, in het midden hol,
waar van de bovenste rand een kroon formeert, verdeelt gelyk
als een kelk, in vyf gedeeltens, Sterrsgewyze. De bloem heeft
vyf bladeren, geschaart als een Roos in de holligheden van
de kelk, en wat verder twintig draadagtige vezels, dewelke groeijen uit de opening van de kelk. Het middelpunt
van het bovenste gedeelte van het eyernest levert uit vyf
buizen, dewelke eindigen in een ruwe en rondagtige
punt. Het Eyernest word een langwerpige en vleesagtige
Vrugt, veel smalder na de steel als elders, zynde aan het ander
einde van een navelagtige holligheid voorzien, geformeert door
de insnydingen van de kelk. Daar zyn veelderhande soorten,
dewelke wegens haar gedaante, haar dikte, haar koleur, haar
smaak en haar reuk verscheiden zyn. Haar vlees is wit: in haar
binnenste heeft ze vyf huisjes, vervuld met eenige swarte korrels.

G 2

L I I I.

Bloeyende Tuinkors.   *Nasturtium hortense.*

MEn vind in de maand May op dit Kruid veel kleine Rupsen, zynde op de rug swart en onder
wit, hebbende voor aan yder zyde drie swarte klaauwtjes, en verder aan weerzyde negen
pootjes. In Juni maken ze een dun gespin en veranderen in een bruin Popke; na weinig tyd komt
daar een bruin gesprikkelt Uiltje uit, zynde gaauw, dog kort van vlugt.

Onder aan vertoont zig een ookergeele Worm, diergelyke heb ik in verrot hout gevonden; deze
veranderen in Popjes: na eenigen tyd komt daar een bruin Torretje uit, hebbende een zwarte kop
en pootjes.

Deze Plant brengt veel stammetjes voort ter hoogte van een
voet, zynde vaste, ronde en takagtige stammetjes. Haare bladeren zyn langwerpig en zeer diep ingehakkeld. Hare bloemen
groeijen aan de toppen van de takken, zynde klein, waar van
yder te samen gestelt is uit vier bladeren kruiswys geschikt. Van
de kelk van de bloem groeit een gedeelte van een bloem, die
een byna ronde vrugt word, zynde plat en geklooft in haar bovenste gedeelte, verdeelt in twee huisjes en vervuld met zaden,
byna rond en roodagtig.

L I V.

Gierst-Gras of Zaat-Gras.   *Gramen Miliaceum.*

ZUlk zoort van ligt groene Rupsen, gelyk ter regterhand op een blad opwaarts kruipt, vind
men op dit Gras: ze heeft voor aan weerzyden drie klaauwtjes, in de midden agt, en agter
nog twee voetjes; ze verandert in een groen Popke, waar uit een schoon geel Kapelletje voortkomt, met bruine en swarte stipjes en streepjes geçiert, heeft twee wit en swart gespikkelde hoorntjes, schoone groene oogen, en is snel van vlugt.

Aan de andere zyde zit een krom gebogte Rups, deze vond ik op een Berkeboom, ze maakte
een wit gespin, veranderde in een ligt bruin Popke, en daar kwam een ligt en bruin gespikkelt Motuiltje uit, gelyk boven de Rups verbeelt is.

Deze Plant is dezelve als het *Gramen Sylvaticum, paniculâ mi-
liaceâ sparsa* van Casparus Bauhinus. Zy klimt wel ter hoogte
van twee voeten. Hare bladeren zyn lang, smal, spits, teeder
en groen. Tusschen haar in klimmen op eenige buizen of ronde stammetjes, omkleed met eenige bladeren, dragende op hare uiterste toppen eenige roodagtige doornen, waar aan eenige
vezelagtige bloemen vast zyn, waar van de kelk schubagtig is:
na dat de bloem is afgevallen, zoo komen 'er eenige langwerpige en roodagtige korrels te voorschyn.

LIV

LV

LVI

LVII

L V.

Gekrunkelde Patuk.   *Lapathum acutum.*

OP dit Kruit vind men een soort van Rupsen uit den donker geele, met donker bruine streepen overkruist, ze is voorzien met zes klaauwtjes, en achter met vier voetjes; in de Maand Mai veranderenze in een bruine Pop, waar uit in Juni zulk een wit bruin gestreept Uiltje voortkomt, gelyk boven vliegende zig vertoont.

Ook heb ik met dit zelfde Kruit een zulk klein Rupsje gevoed, gelyk op de andere zyde met een kromme bogt voorgebeeld is, ze was eerst donker Papegaygroen gestreept, dog wierd allengskens geel en daar na bruin; ze was traag van gang, had voor zes klaauwtjes en achter nog vier voetjes, wanneer ze voortging bragt ze de achterste voetjes by de voorste: maakende met het lyf een hooge bogt, en vorderde dus haar weg: ze veranderde in Mai in een ligt bruin Popje, diens boven end had de gedaante van een Vogel kop. Na veertien dagen kwam daar een wit Motuiltje uit, hebbende roode oogen, ook een roode streep over de vier vlerken, en rondom een roode zoom, zynde snel van vlugt.

Het Patientickruid of de Lapathum met een spits blad van Casparus Bauhinus is een zeer gemeene Plant, waar van het stammetje is hoog uitgegroeit, hol en roodagtig. Haare bladeren zyn een span lang, spits, van een samentrekkende smaak, en een weinigje bitter. De bloemen zyn menigvuldig mosagtig, met veel hairige vezelen, en een kelk van zes bladeren, waar van 'er drie groot en roodagtig zyn, en de drie andere kleinder en groen. Het gedeelte van de bloem, 't welk in 't midden van zyn kelk is, alwaar zyn korrel besloten is, verandert in een Vrugt waar in bevat is een driehoekig gelykende na een Nier.

L V I.

Dubbelde Roos.   *Rosa Centifolia rubra.*

DEze schoone Bloem is het voedsel van een ligt groene Rups, zynde langs het heele lyf met witte streepen, op yder lid met een wit stipje, en onder nog met een geele streep geçierd; ze heeft voor zes klaauwtjes, in 't midden acht voetjes, en achter nog twee diergelyke. In de maand Juni spinnen ze zich in het groene Rosenlof, en veranderen in een bruine Pop, in Juli komt daar zulk een Uiltje uit, gelyk boven verbeeld is, zynde ligt bruin, dier onderste vlerken schuins gezien een gulde weerschyn hebben.

Nog vind men aan 't groen der Rosenbomen zulk een soort van Wurmen, gelyk boven aan de Roosensteel te zien is. Deze Wurm leeft in de maanden Mai en Juni, hy is van koleur gelyk een Made, en met een vleeskoleurde streep over den rug geçierd, hy bedient zig stilleggende ter spyze zulker kleine Vliegjes, die gestadig rondom hem swerven, dog zo daar een over zyn lyf heen loopt, dat hy ze bereiken kan, dan stoot hy met een bezondere snelheid een snuit uit, en maakt dit diertje tot zyn gevangen, 't welk hy uitzuigt en laat de bolster dan vallen; eindelyk begeeft hy zig ter verandering, en vervormt zig in een klaare bobbel ofte blaaze, na veertien dagen komt daar zulk eene Vlieg uit, gelyk op een Rosenknop getoond word, welkers in malkander gerimpelde vlerkjes zy met haar voetjes ontrent een half uur te regt strykt, en daar van vliegt, hebbende een geelen kop, twee roode oogen, een groen boven-, een geel en swart onderlyf, en zes geele voetjes, ze is zeer langzaam en gemakkelyk te vangen.

H

LVII.

Wilde enkelde Roosen.   *Rosá Sylvestris major.*

An deze Rozen vind men zulke kleine ligtgroene Rupfen, hebbende voor zes klaauwtjes, en achter vier voetjes; in 't laatft van Juni veranderden ze in bruine Popjes, waar uit na veertien dagen zulke ligt bruine Motuiltjes te voorfchyn komen, gelyk boven verbeeld is.

Beneden deze op een groen blad kruipt een kleine groen gefpikkelde Rups, hebbende een fwarte kop; ze veranderen in 't midden van de maand Mai in ligtbruine Popjes, in 't begin van Juni komt daar een Motuiltje uit, zynde de twee bovenfte vlerken en de zes pootjes geel en bruin geftreept, de oogjes fwart, en de onderfte vlerken graauw.

Aan de andere zyde hangt meede een groene Ryp, hebbende een fwarte kop, voor zes klaauwtjes, in de midden acht voetjes, en achter noch twee diergelyke. Deze heb ik met zulke enkelde Rozen gevoed tot in 't laatft van Mai, wanneer ze zich in malkander gerimpeld had, en ftil lag; na weinig dagen kwam daar een witte Made uit, die veranderde in een ligtbruin Tonnetje, gelyk op de middelfte Roos is aangeweefen. Na twaalf dagen kwam daar uit een klein blaauw Vliegje te voorfchyn, gelyk mede een weinig hooger verbeeld is.

LVIII.

Doove Netelen.   *Galeopfis florens.*

Zulk een ruige fwarte met geele en witte ftipjes gecierde Rups heb ik eenige tyd met dit Gewas gevoed, hebbende voor zes klaauwtjes, in de midden acht, en achter noch twee voetjes; ze was zeer gaauw in 't loopen, in 't begin van Mai wierp ze haar huid af, en veranderde in een bruine Pop, gelyk onder te zien is; deze bleef onbeweeglyk leggen. In 't begin van Juni kwam daar uit een fchoone Kapelle, welkers kop; bovenfte vlerken, pooten en hoorntjes waren fwart, de vlerken met geele plekjes, en de twee onderfte vlerken met het lyf waren als Vermelion; haar vlugt was fnel, dog meeft tegen den avond.

Dit kleine Rupsje, zynde langs de rug groen en onder wit, geneert zig meede op dit Kruid. In Juni maakt het een wit gefpin en verandert in een Tonnetje. Na twaalf dagen komt daar uit een geele fwart geftreepte Vlieg te voorfchyn.

Deze Plant is dezelve, dewelke Johannes Bauhinus noemt *Urtica iners, flore luteo*, en Cafparus Bauhinus, *Lamium folio oblongo, luteum*. Zy doet uit haar voortkomen verfcheide roode en vierkante ftammetjes, dragende eenige bladeren die in gedaante de Malruvie vry nakomen, zynde hairagtig, zagt, randswyze gekartelt, gefchaart by paaren, vaftgehegt door ftaarten, die in deze beneden veel langer zyn als in de geene om hoog. Haare bloemen zyn langs de tamelyk groote ftammetjes wervelbeenswyze geformeert, zynde geel, en gemaakt als een fmoel: yder van haar is een buis van boven ingefneden lipswyze. Wanneer de bloem vergaan is komen 'er vier langwerpige zaden te voorfchyn, befloten in een doosje, 't welk daar voor zoo dienftig is geweeft als de kelk voor de bloem. Dit doosje is gemaakt als een tregter, geklooft in vyf punten. Dit is wel de voornaamfte reden waarom de Heer Tournefort de foorten van doove Netels van de fwarte Malruvie onderfcheid.

LVIII

LIX

LX

LXI

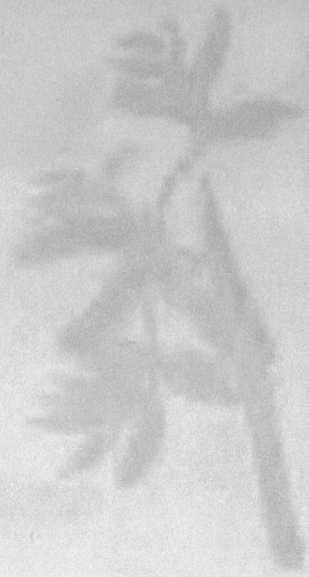

L I X.

Oker Noten Bloſſem.   *Nux juglans florens.*

DEze ſchoone groene Rups, die langs het heele lyf met witte ſtreepen en op yder lit met witte
ſtippen geçiert is, vind men op de Nooteboom, dog zeer zelden, tans heb ik ze gevonden
en gevoed tot in 't begin van Juni, wanneer ze zig in de groene bladeren rolde, een dun wit geſpin
maakte, en veranderde in een bruine Pop: binnen drie weeken kwam daar een Uiltje uit, welkers
bovenſte vlerken, pooten en hoorntjes waren bruin, de vlerken met witte ſtreepjes geçiert, het lyf
was ligter, de oogjes ſwart, en de onderſte vlerken gelyk goud weerſchynend, haar vlugt was des
avonds, gelyk alle Uiltjes gemeenlyk doen.

Deze is een groote Boom, zeer tackagtig, makende een groote
ſchaduwe. Hare bladeren zyn breed, groot, zenuwagtig en groen.
Haare groene of buitenſte ſchil is lang, hangende, van geſtalte en
dikte van de Ruipen, te ſamen geſteld uit verſcheide bladeren,
ſchubswyze geſchaart ter langte van een priem, en van een geele
koleur. Het onderſte van deze bladeren is overdekt met verſcheide kruintjes, gemeenlyk vaſtgehegt door korte hairige vezeltjes, zoo zeer dat men moeite heeft om ze gewaar te worden.
Hare Vrugten groeijen op dezelve voet die de Noten voortbrengen, dewelke men in 't Latyn *Nuces* noemt. Zy zyn yder
overdekt met een groene en vleesagtige ſchorſſe, onder dewel-

ke gevonden word een harde ſchaal, zynde houtagtig, eyrond,
of byna rond, 't welk men noemt een Notedop, en dewelke in
zig beſluit een ſoort van een Amandel, verdeeld in twee of vier
deelen, zynde mergagtig, vleezig en wit, gelykende in eenig
opzigt na kleine deyetjes, op een ongemeene wyze overtrokken
met een dun en tyn vlies, dewelke daar als tegen aan vaſt is;
maar die 'er zeer ligtelyk van afgeſcheiden word Deze kleine
leden van de Note worden geſcheiden door een hard en houtagtig afſchutſel, 't welk men het middelſchot noemt Het
hout van de Noteboom is hard, digt, gevlamt op verſcheide
plaatſen, en overdekt met een dikke en aſchverwige ſchorſſe.

L X.

Purpere Nachtveil.   *Viola matronalis purpurea.*

MEn vind aan dit Bloemgewas een ſoort van lange dunne Rupsjes, hebbende voor zes klaauwtjes en achter ook zes voetjes; wanneer ze voort willen dan zetten ze het agterſte lyf by
het voorſte, makende aldus met het lyf een hooge bogt, 't welk om de langte hares lichaams een
raar figuur maakt, en gevolgelyk een wyde ſtap doen: ze veranderen in de Mai in een groen Popje,
in Juni komt daar een ſchoon Kapelletje uit, zynde de kop en bovenſte vlerken ſchoon geel en
bruin gefigureert, het lyf, de onderſte vlerken, de hoorntjes en pootjes bleek geel, de oogen ſwart,
en gaauw in 't vliegen, gelyk ter rechterhand vertoont word.
Ter linkerhand bevind zig een groene Rups met een geele kop, ze heeft voor zes klaauwtjes, in
de midden acht voetjes, en achter nog twee diergelyke; in 't laaſt van April maken ze een geel
geſpin, en veranderen in een groen ſwart geſtippelt Popje, in 't midden van Mai komt daar een
klein wit Kapelletje uit, haar vlugt is gering, zoo dat ze naauwlyks van de eene Bloem op de andere konnen komen.

De Violier of de *Viola Matronalis purpurea* van 'Tabernemontanus is dezelve Plant, dewelke Caſparus Bauhinus, en na hem
Raii, Tournefort, en de Heer Boerhaave *Heſp ıs borıenſıs, flore
purpureo* noemen. Zy doet voortkomen ſtammetjes ter hoogte
van twee voeten, zynde hairagtig, rond, en met merg opgevult. Haare bladeren zyn geſchaart langs de ſtammetjes by
beurtverwiſſeling, gelykende na die van het Raketekruid, dog
minder ingeſneden, tandswyze aan haar randen gekartelt, hair-

agtig en ſpits. De bloemen komen te voorſchyn aan de toppunten van kleine takjes, dewelke uit de holligheden van de bladeren voortſpruiten. Wegens haar gedaante gelyken ze na die
van de Nagelboom, hebbende vier bladdragende ſteeltjes, die
kruiswyze geſchaart zyn. Daar op volgen lange, dunne,
rond-langwerpige peulen, geſcheiden in twee kamertjes, dewelke in zig beſluiten eenige langwerpige of ronde zaden. Hare
wortels zyn houtagtig, klein en wit.

H 2

L X I.

Koren Rozen, Negelblom en Koorn Air.   *Lychnis, Segetum & Siligo.*

OP deze Bloem, waffende in 't Koorn, heb ik zulk een Rups gevonden, gelyk aan de fteel
kruipt; na dat ik ze gevoed heb, tot in 't begin van Juni, ftroopte ze haar huid af, en veranderde in een bruine Pop, bleef alzoo hard en onbeweeglyk leggen tot in December, wanneer zulk
een Vlieg te voorfchyn kwam, gelyk boven op de Bloem verbeeld is; zynde geheel fwart, behalven
in 't midden des achterlyfs was iets geel, hebbende vier klaar doorfchynende vlerken.

Dit Beesje, onder aan de fteel des Koornairs kruipende, heb ik gevoed tot in 't midden van Juni, toen kroop het tuffchen het Koorn in de Air, en veranderde in een fwart root geftipt Popje.
In 't midden van Augufti kwam daar zulk een Torretje uit, tans by onze jeugd bekend met de
naam van *Lieven Heers Haantje.*

Tuffchen beiden legt een witte Made, hebbende langs den rug een roodagtige ftreep, zulker heb
ik wel vyftig in een doode Muis gevonden en bewaard; na weinig tyds veranderden ze in Tonnetjes,
na acht dagen kwam uit elk zulk een Vlieg te voorfchyn, gelyk onder op een groen blad zittende
verbeeld is, hebbende een blaauw met fwart geftreept lyf, roode oogen, fwarte pooten, en twee
vlerken, die koleurde weerfchyn van zig geven.

De *Lichnis Segetum, rubra, foliis perfoliata* van Cafparus Bauhinus, is dezelve Plant, dewelke Tabernemontanus *Myagrum
Vaccaria quorundam* noemt. Zy brengt voort verfcheyde ronde
takagtige regte ftammetjes met een zagtwollig Catoen overdekt.
Haare bladeren zyn drie vingerbreed lang, een en een half
breed, vol, fpits, wolagtig, pittig en wit. De kelk is geheel,
gehairt, op de wyze van een buis, gemeenlyk uitgegroeft,
fomtyts uitgebreidt, hebbende een enge opening. De Bloemen
groeijen aan de toppunten van de ftammetjes, geformeert als
een Angelier, hebbende vyf bladeren, zynde meer als de helft
voorzien met twee of drie punten, dewelke gevoegt by die van
de andere bladeren een Kroon formeeren. De Kroon heeft in
het midden van deze Bloem een zeer verfcheidene coleur. De
Vrugt is van een kegelswyze geftalte, omwonden van zyn kelk,
en opent zig by zyn punt. Zy is te zamengefteld van drie of
meer buizen. Zy bevat in zig eenige byna ronde en hoekagtige
zaden, of na de gedaante van een nier. Cordus heeft daar van
de bloemen zeer wel befchreven: aangezien dezelve zyn te zamen geftel uit vyf bladeren, gelyk als deze Schryver het heeft
aangemerkt. Ondertuffchen heeft hy ze alle afgebeeld onder de
gedaante van een ftuk: Zy zyn ontworpen of afgefchetft met
vier bladeren in een gedaante waar van Dodoneus en Lobel zig
hebben bedient: die, dewelke Tragus van deze Plant gegeven

heeft en is niet al te wel. Daar zyn in de *Hiftorie van de Planten van Lion* drie afbeeldzels van deze Plant; maar men ziet
genoegzaam datze niet anders vertoonen als dezelve Plant. Cefalpinus heeft 'er ook op drie verfcheide plaatfen van gefproken,
te weten in het Hoofdftuk van de *Glaftum*, alwaar hy die genoemt heeft *Glaftum fponte Oriens inter Segetes*, en in dat van de
Rapum Sylveftre, alwaar hy gelooft dat deze is de Plant dewelke Diofcorides onder deze naam befchreven heeft.
De *Segetum* of *Siligo* is dezelve Plant dewelke Raii *Triticum Spica
mutica* noemt, en Cafparus Bauhinus, en Pit. Tournefort *Triticum
Hybernum, ariftis carens* en Johannes Bauhinus *Triticum vulgare,
Glumas triturando deponens.* Zy brengt verfcheide buizen van vyf
voeten hoog, zynde regt, en by tuffchen ruimten door knobbels bezet, van binnen hol, voorzien met eenige lange fmalle
bladeren, gelyk als die van het Hond-Gras, en fpits in haar toppunten met lange airen; waar aan groeijen eenige bloemen by
kleene halfflagtige trosjes, zonder bladeren, te zamen geftelt
door eenige manlyke hairagtige vezelen, dewelke voortkomen
uyt een kelk, beftaande uit verfcheide fchubben; na dat de
bloem is afgevallen, zoo fchynt het op de rug een langwerpige
en gerondde korrel, ende gevorent aan de andere kant, en van
binnen meelagtig en wit.

L X I I.

Vlierboom.   *Sambucus cum flore albo.*

TEr linker zyde onder op een groen blad vertoont zig een ligt geele Rups, hebbende twee fwarte ftreepen dwars over 't lyf, achterwaars nog drie fwarte ftreepen langs 't lyf, een fwart gebit,
voor zes klaawtjes, en in 't midden acht voeten: haar voedzel is de groene bladeren dezes Booms,
haare volkomene groote bereikt hebbende, maken ze een wit gefpin en veranderen in een ligt bruine
Pop, welke aangeraakt zynde zig fterk bewegen: eindelyk komt daar een wit bruin geftreept Uiltje
uit, gelyk boven vliegende is verbeeld.

Onder ter rechter zyde zit meede op een blad een bruin Rupsje, heeft aan elk lit witte voetjes,
deze eeten beide het blad en de Bloem dezes Booms, men vind ze ook wel op de Queeboomen, in
de Mai maken ze een glanzend wit gefpin, en veranderen in een Popje: na veertien dagen komt
daar zulk een fwarte Vlieg uit, gelyk boven malkander word vertoond.

Op de Bloem kruipt een groen wit geftreept Rupsje, welkers fpyze mede deze Bloem is, ze zyn
zeer gaauw: wanneer ze haar vel afftroopen zyn ze vleeskoleur. In Augufti maken ze een wit gefpin, en veranderen in een bruin Tonnetje, blyven in deze geftalte tot des volgenden jaars. In Juli
dan komt daar een fwarte Vlieg uit met roode oogen, gelyk ter linker zyde by malkander verbeeld is.

Deze is een Boom van een middelmatige dikte en hoogte, die
haare takken in de breedte verfpreid, fomtyds is het een Boompje
waar van de takken lang en rond zyn opgevuld met veel wit
merg, en hebbende het hout niet weinig dik, zynde de takken
in den beginne groen en in 't vervolg grys. Zyn ftam is overtrokken met een ruwe en gekloofde fchorfe van een afagtige koleur, de baft van de takken is zagter in het aanraken. Onder
deze uitterlyke baft vind men een die groen is. Zyn houdr is
hardt en geelagtig, maar gemakkelyk om te klooven. Vyf of
zes bladeren van haar zyn langs de eene zyde vaft gehegt gelyk
als die van de Noteboom; maar veel kleender gekarteld aan hare randen. Haere takken onderfchragen een Zonnefcherm, die wyd en

breede is, waar aengehegt zyn kleene bloemen, geformeert als
hoedtjes of roosjesop vyf plaatfen, zynde wit. Daar op volgen dikke
beffen gelyk alsdie van Geneverboom, ronde, groene in het begin; maar ryp zynde, worden zy zwart, vervult met een hoogrood
fap, en bevatten in zig drie kleene langwerpige zaden. De lage
Vlierboom of de wilde Vlierboom van de Pinax van Cafparus
Bauhinus, genaamt *Sambucus humilis* of *Ebulus*, verfchilt van
de Vlierboom, waar ik nu fpreeke, door zyn ftam die met
groente of kruidig gras omzet is, in plaats dat de ftammen van
de andere zyn van een Boompje, onderfcheiden door de bladeren, dewelke veel fmalder, veel langer en van een fterker reuk
zyn.

LXII

LXIII

LXIV

LXV

LXIII.

Groote Klitzen. *Lappa major.*

Niettegenstaande dit Gewas zeer bitter is, zo voed het nochtans zulk een soort van Rupsen, zynde op de rug bruin swart gespikkelt, en van onderen flets geel; ze hebben voor zes klaauwtjes, en in de midden acht voetjes; in Juni veranderen ze in lever koleurde Popjes, in Juli komt daar uit een Uiltje, zynde de kop en bovenste vlerken ook lever koleur met bruine en vergulde plekjes, het lyf en de onderste vlerken flets geel, en gelyk verguld, hebbende zes bruine pooten, haar vlugt is des avonds.

Het Klisse kruid, zynde ook genoemt groot *Lappa* of *Arctium* van Dioscorides, van Casparus Bauhinus, of de *Personata* van Johannes Bauhinus, brengt voort een dikke wortel, enkeld, een voet lang, regt opgaande, van buiten swart en van binnen wit, voorzien met vezelen: zy heeft zeer breede bladeren, wel van meer als een voet breed, ende op het einde spits, hebbende aan de eene en de andere zyde kleine oortjes ter plaatse daar zy by de staart zyn aangehegt: haar oppervlakte is hairagtig, donker groen en wit van onderen. De stam klimt twee ellen hoog, zy is dik, regt, hoekagtig, wolagtig en roodagtig, en onderfteunt eenige bloemen, hebbende de gedaante van een hoofd, dewelke groeijen op het einde van de takken met bloemwerk, als koortjes ingefneden. Zy word onderfteunt door een kelk, te famen gestelt uit veel schubben, dewelke eindigen in een soort van een na binnen omgekromt haakje, 't welk zig vasthegt aan de kleederen wanneer men het al te na bykomt. Na dat de bloem is afgevallen, formeren 'er zig eenige swarte korrels, zynde plat, omzet met eenige korte kuifjes, en die zeer ligt door de wind van malkander raaken. De Heer Rai vermeend dat Casparus Bauhinus, die de Plant, dewelke *Arctium quorundam* in de Historie van de Planten van Lion genaamt word, met het Klissekruid vergeleken heeft. De zelve Schryver in keurt niet goed dat Parkinson daar van een onderscheide soorte gemaakt heeft. Ondertuffchen is het zeker dat Casparus Bauhinus het Klissekruid daar van onderscheid, even als Parkinson, en dat in de twee Drukken van de Pinax zy genaamt word *Lappa montana altera, lanuginofa.*

LXIV.

Geele Steenklaver, ofte Meliloten. *Melilotus lutea.*

Deze onderste groote Rupsen geneeren zich op dit Gewas, haare koleur is bleekgroen met bruine plekken çierlyk geteekent, ze hebben voor zes klaauwtjes, in de midden acht, en achter noch twee voeten, en op ider lit des onderlyfs een bloed rood plekje; ze zyn zeer gestoort als men ze aanraakt, in 't laatst van Mai maken ze een wit gefpin en veranderen in een ligt peerfe Pop, in 't midden van Juni komt daar een schoon Uiltje uit, zynde de kop, 't lyf, de pooten, de hoorntjes en bovenste vlerken graauw, met swarte en witte stipjes en streepjes gefigureert, en de achterste vlerken schoon vermelion rood, gelyk op een blad zittende vertoont word.

Zulk een grasgroene Rups, gelyk boven verbeeld is, heb ik in Juli op een Wilge gevonden, en met klaver gevoed tot in 't laast des voorschreeven maands, wanneer ze veranderde in een violet Popje: des volgenden jaars in Mai kwam daar een ligt bruin donker gestreept Uiltje uit, 't welk wel niet hoog, dog heel gaauw van vlugt was.

Deze Plant is dezelve als de *Melilotus fruticofa lutea*, *vulgaris* of *officinarum* van Morifon, en de *Melilotus officinarum* van Casparus Bauhinus of de *Trifolium odoratum* of de *Melilotus vulgaris flore luteo* van Johannes Bauhinus. Zy brengt voort een of twee stammen van twee of drie voeten hoog, zynde rond, uitgegroeft, teer, takagtig, ledig. Drie bladeren van haar groeijen op een steel, gelykende na die van de Fenegriek, maar witter uitge- komt of gepunt met lange airen, zynde byna altyd geel van koleur, fomtyds wit, maar zeer zelden. Op haar volgen swartagtige doosjes, gestreept, in haar kelk niet befloten, gelyk als in het Klaverblad, waar van yder in zig befluit een of twee ronde, eyronde, dunne en bleeke zaden. Haar wortel is lang, dun, buigbaar, vezelagtig en wit,

I

L X V.

Dubbelde geele Violier.   *Viola lutea, pleno flore.*

Diergelyke donkergraauwe langs het lyf wederzyds met een witte streep geçierde ruige Rupſen, gelyk onder op een groen blad zich vertoond, vind men op dit Bloemgewas, als ook op de Kruisbeſſen en Jodenkarſſen; haar kop is geel, als ook de zes voorſte klaauwtjes, en de acht middelſte en twee achterſte voetjes zyn graauw; in Auguſti veranderen ze in leverkoleurde Popjes, mede aan de andere zyde op een groen blad verbeeld, blyvende aldus in deze gedaante onbeweeglyk; des volgenden jaars in April koomen daar zulke Uiltjes uit, gelyk boven op de Bloem verbeeld is, zynde de kop, 't lyf en vlerken ligtgeel met ſwarte plekjes geçiert, en de oogen, hoorntjes en pootjes ſwart; haare vlugt is des avonds.

Boven aan de andere zyde op de Bloem vertoont zich een klein ligtgroen geel geſtipt Rupsje, deze heb ik met dit Bloemgewas gevoed tot in 't midden van Juni, wanneer ze een wit geſpin maakte, en veranderde in een groenachtig Popje; in 't einde des voorſchreven maands kwam daar een wit met graauwe plekjes geçiert Uiltje uit, hebbende twee graauwe hoorntjes en vier pootjes.

L X V I.

Koekkoeksbloem, en Gras.   *Flos Cuculi, & Gramen vulgare.*

Deze Bloemen heb ik hier tot vervulling en cieraad bygevoegt; maar deze onderkruipende groote bruine ſwart geplekte geel en wit geſpikkelde Rups, hebbende op haar kop een kwasje ſwart hair, achter op een punt, gelyk een hoorntje, en aan beide zyden raare bosjes wit hair, die zoo laag afhangen, dat men de voeten niet zien kan, vind men in 't Gras, dat ze zeer gretig afweiden, zyn ook zeer genegen tot vocht; in 't midden van Mai maaken ze een geelachtig geſpin, en veranderen in een bruine Pop; in 't einde des voorſchreven maands komt daar uit een Uil te voorſchyn, gelyk boven te zien is, zynde fiets geel, hebbende op yder bovenſte vlerk een bruine dwarsſtreep en twee witte plekjes met bruine randjes; ze leggen witte eiertjes.

Ook heb ik wel ondervonden, dat zich deze Rupſen ſtil nederleiden, en kwamen na weinig tyds uit yder Rups vier groote Maaden, die veranderden in Tonnetjes, waar uit zo veel groote Vliegen te voorſchyn kwamen.

LXVI

LXVII

LXVIII

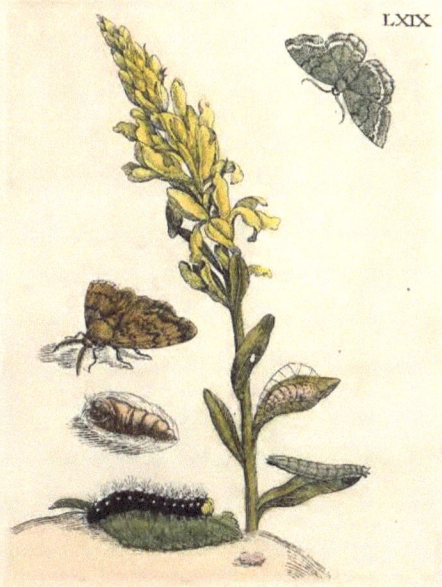

LXIX

LXVII.

Bloeijende Haaneklootjes, òf Spindelbomen.   *Carpinus florens.*

HEt onderste dezer Prent vertoont ons een geele swart gestreepte en gestipte Rups, hebbende voor zes swarte klaauwtjes, in de midden acht, en achter noch twee geele voeten, ze zyn heel traag, als men ze aanraakt blyven ze tegens den aard van andere Rupsen stil leggen; ik heb ze met dit blad gevoed tot in 't laatst van Juni, wanneer ze een wit gespin maakte, zynde gelyk dun parkement, en als zilver glantzig, daar in veranderde ze in een bruine Pop; in 't midden des volgenden maands Juli kwam daar een violet Uiltje uit, welker bovenste rood geplekte vlerken schuins geçiett een schoonen weerschyn hadden; de onderste vlerkjes waren mede rood geplekt, haare vlugt is gering, zynde gemeenlyk veel by malkander in 't gras op de Bloemen; haare eyertjes zyn geel.

Nog zit ter rechterhand op een blad een grasgroen Rupsje, deze vind men ook wel op de Pruimeboomen, ze hebben voor zes klaauwtjes, in de midden acht, en achter noch twee voetjes, geraakt zynde maaken ze veel sporteling; in Juli veranderen ze in een bruin Popje, en na veertien dagen komt daar een Uiltje uit, zynde de kop, hoorntjes, pootjes en bovenste vlerkjes leverkoleur met bruine streepjes, en de onderste vlerkjes graauw; haar vlugt is mede laag in 't gras.

Dit is dezelve Boom als de *Ostrya, Ulmo similis, fructu in umbilicis foliaceis* van Casparus Bauhinus, en de *Fagus sepium,* gemeenlyk *Ostrys Theophrasti* van Johannes Bauhinus. Clusius noemt haar *Ostrys Theophrasti, Fagulus Herbariorum,* en Pluknet *Aceris cognata, oblongis, rugosis, serratis foliis ad Ulmum accedentibus, vasculis disjunctis, membranis foliaceis, seminibus ipsis appositis, pluribus confertis.* De takken van deze boom spreiden zig zeer veer uit, het hout daar van is wit, vast ende zeer hart; overtrokken met een witte schorsse die een weinig oneffen en witagtig is. Zy heeft de gedaante en het blad van de Heesterboom. Zy draagt aan eenige bladeren, die geschikt zyn als schubben langs een pees, eenige neerhangende groene steeltjes. Deze groene steeltjes leveren geen de minste vrugt uit. De Vrugten groeijen op de zelve takken en in eenige plaatjen die van die groene staarten zyn afgescheiden, omringt met kleine bladeren. Zy zyn steenagtig, gelykende na een kleine navel, uitgegroeft, yder met een kroon voorzien, en bevatten in haar holligheid een langwerpig zaad.

LXVIII.

Duizendblad, Gerwe.   *Millefolium terrestre florens.*

DIt boven op de Bloem zittend Beesje vind men ook wel op de Zuuring, zyn koleur is swart, 't heeft zes pootjes; in 't laatst van Mai verandert het in een geel Popje, gelykende wel een Hondskopje, na veertien dagen komt daar een swart Torretje uit, gelyk onder op de grond lopende is verbeelt.

Aan de andere zyde dezes gronds kruipt een klein beesje, 't welk ik in 't gras heb gevonden, zynde van koleur als een Luis, in 't laatst van Juni klampt het zich vast tegen het dekfel van de doos; daar ik 't in voede, rimpelde zich in malkander, en wierd bruin en hard, na twaalf dagen kwam daar uit een klein rood en swart gestipt Torretje, gelyk mede op de grond vertoont word.

Casparus Bauhinus noemt deze Plant *Millefolium vulgare album,* Johannes Bauhinus *Millefolium, Stratiotes pennatum terrestre,* en Dodonæus *Millefolium* of *Achillæa.* Het gemeene witte Duisendblad brengt voort stammen van een of anderhalf voet hoog, zynde styf, rond, hairagtig, takagtig na hare uiterste topenden en roodagtig. Haare bladeren zyn alle geschaart aan eene zyde, en verbeelden een Pen van een Vogel. Zy zyn kersfgewys ingesneden, dun en gelykende eenigermaten na die van de Kamillebladeren, van een tamelyke aangenaame reuk, ende van fmaak een weinig scherp. Haare bloemen groeijen aan het bovenste van haare takken als bloemruikers zeer vast aan een getrokken en rond. Yder bloem is straalswyze geschikt, wit, ondersteunt door een langwerpige kelk, te samen gesteld uit verscheide bladeren als schubben op elkander. Als de bloem afgevallen is, komen 'er dunne zaden voor den dag. De Wortel van dezelve is vezelagtig, houtagtig en van een bruine koleur.

I 2

LXIX.

Acherbrem.   *Flos Tinctorius.*

ONder ter regterhand op een groen blad zit een groene Rups, hebbende langs over den rug een zwarten, en onder aan weerzyde een witten streep; als men ze aanraakt blyft ze eenige uuren onbeweeglyk zitten; in 't midden van Juni maakt ze een wit gespin met vierkante gaaten, gelyk een visnet, aangeraakt zynde maakt het Popje een geweldige beweeging, in 't begin van Juli komt daar een Uiltje uit, zynde ligt groen met witte en donkere streepen dwers over de vlerken en snel van vlugt.

Ter linkerzyde onder op de grond legt een Karsseblad, daar op een swarte Rups, hebbende boven op ider lit twee blaauwe kraaltjes, ider met een bosje hair verçierd, zynde de kop, de zes klaauwtjes, de acht middelste en de twee achterste voetjes ookergeel; in 't einde van Juni maakt ze een graauw gespin, en verandert in een bruine Pop, zynde aan de kop met swart hair bezet; in 't midden van Juli komt daar een donker geele bruine gestreepte Uil uit, welker hoorntjes als vederen zyn, gelyk boven malkander verbeeld is.

Deze Plant is dezelve, dewelke Casparus Bauhinus *Genista Tinctoria, Germanica* noemt. Johannes Bauhinus *Tinctorius flos, Clutius Genista tinctoria, Hispanica*, en de Hortus Eystet. *Genistella Tinctorum.* De stammen van deze Plant zyn dik en rond, haare bladeren zyn langwerpig, schilagtig als de plukvrugten, spits, groeijende alleenig by beurtwisseling langs de takken. Haare bloemen zyn geschikt na de wyze van geele airen, na dat de bloemen zyn afgevallen volgen daar op zeer platte schellen, dewelke in zig besluiten eenige zaden, gelykende na een kleine Nier.

LXX.

Kleine Weegbladeren.   *Plantago minor florens.*

OP dit Kruid aast een lange ligtgroene Rups, langs 't lyf wit gestreept, en op ieder lit met een wit stipje geçierd; in 't einde van Juni veranderen ze in bruine Popjes; in 't begin van Augusti komt uit elk een Uiltje, zynde de bovenste vlerken wit met swarte streepjes geçierd, en de onderste vlerken graauw, de oogen en hoorntjes swart, en vliegen 's avonds.

Zulke lange Wurmen heb ik in de aarde gevonden, ze waren van koleur gelyk Maaden, met een swart kopje; ik heb ze bewaard tot in 't laatst van Juni, wanneer ze veranderden in donker geele Popjes; midden in Juli kwam uit elk een bruine Vlieg met klaare vlerkjes, vier pootjes om te loopen, en achter noch twee diergelyke, zynde recht uit gestrekt.

Casparus Bauhinus, Pit. Tournefort en Morison noemen deze Plant *Plantago angusti folia, major*, Johannes Bauhinus en Tragus, *Plantago lanceolata*, Dodonæus *Plantago minor*, en Lobel *Plantago quinquenervia.* Zy brengt voort lange, smalle, spitse en hairagtige bladeren, gemerkt met vyf streepen als of het zenuwen waren, dewelke zoo lang als ze zyn daar door loopen: daar op klimmen eenige stammen van een voet hoog, zynde hoekagtig, gestreept ende uitgegroeft, dragende aan hare uitenden veel korter en veel dikker airen als die van de gemeene Weegbladeren, omkleed met bleeke bloemen, op dewelke volgen vleesagtige schellen, in zig bevattende dunne en langwerpige zaden.

LXX

LXXI

LXXII

LXXIII

L X X I.

Roode Lelien.   *Lilium aureum.*

ZUlk flag van Rupfen heb ik op deze Bloem gevonden, ze was boven bruin donker geftreept en onder geel met klaauwtjes en voetjes voorzien, gelyk voornoemd; ik heb ze gevoed tot in 't einde van Juni, wanneer ze veranderden in een leverkoleurde Pop; in 't midden van Augufti kwam daar een ligt Uiltje uit, zynde ligt en donker bruin gefigureert; haar vlugt was s'avonds.

Onder op een blad leggen vier ronde vermelion roode beesjes, gelyk ik op deze Lelien gevonden heb, ze zitten op de groene bladeren ettelyke by malkander, en zuigen daar een groen fap uit, zynde dik gelyk geft, daar in leggen ze verborgen dat men ze niet en ziet; ik heb bevonden dat ze mede veranderen in een rood Popje, gelyk hoger op een blad verbeeld is; uit dit komt een rood Torretje, gelyk daar naaft aan zich vertoond, deze geven een aardig gepiep van zich, als men ze in een geflooten hand dicht tegen 't oor houd; ze leggen ook roode ciertjes, en zulks ordentelyk op ryen, gelyk hooger op een blad te zien is, waar uit dan weer zulke beesjes komen, gelyk de eerfte waren.

Deze is dezelve Plant, dewelke Cafparus Bauhinus en Morifon noemen *Lilium purpureo-croceum, majus;* Johannes Bauhinus *Lilium rubens* of *croceum majus,* Lobel *Martagon Chymiftarum,* en Matthiolus *Hemerocallis* van Diofcorides. Men noemt haar ook in de Franfche Taal *Lis de Nôtre Dame* of van *S. Antoine de Padoue,* dewyl dat ze bloeit op die tyd als deze Vierdagen aankomen. Zy zet voort een ftam van twee of drie voeten hoog, met vlakken getekend, regt, rond, omringt met een menigte lange bladeren, naauwlyks zoo breed als die van de witte Lely, gehegt aan haar ftam zonder ftaart, bleekgroen, blinkende, effen, zagt in 't aanraken, teeder, doordrongen met een lymagtig fap. Haare bloemen groeijen eerftelyk op haare topein- den als lange hoofden, dewelke de eene voor en de andere wat later zig openen, ieder derzelve te faamengeftelt uit fes fteelen, van een Oranje koleur, van een lieffelyke reuk, in den beginne zeer aangenaam, maar die dikwils hoofdpyn veroorfaken als men daar te lang aan ruikt. Wanneer deze bloemen zyn afgevallen, zoo komen daar uit voort langwerpige vrugten, opgezet met drie hoeken en in haar lengte verdeeld door drie kamermertjes, vervult met zaaden geboordt met een vleugeltje. Haar wortel is een bol zoo dik of dikker als een Noot; vleesagtig, wit, te famen geftelt uit fchubben die op de wyze van een hooft gefchikt zyn, van beneden voorzien met vezelen, en van een lymagtige fubftantie.

L X X I I.

Appelbloffem.   *Flos Mali.*

DEze geele ruige en met ronde dwarsftreepen geçierde Rups heb ik op een Appelboom gevonden, haar kop was bruin, hebbende achter dezelve twee blaauwe, en op ieder lit twee vleeskoleurde kraaltjes, de voetjes waren van de zelfde koleur, aan beide zyden was ze met bruine bosjes hair bezet; in 't begin van Juli fchoof ze haar huid af, maakte een geel gefpin met gaaten, gelyk een visnet, en veranderde in een leverkoleurde Pop, zynde langs 't heele lyf met bosjes hair en onder aan de punt met een kwasje bezet, geraakt zynde beweegde ze zig zoo fterk, dat ze verfcheidemaalen omwentelde, na veertien dagen kwam daar een wit fwart gefigureert Uiltje uit, hebbende twee breede roode hoorntjes, gelyk veeren, en achter de kop tuffchen de hoorntjes een roode ftreep; ze was heel rad, haar vlugt was s'avonds.

K

L X X I I I.

Druivenbloſſem.   *Vitis florens.*

DEze twee groote Rupſen zyn eenderlei aard, haar verſchil beſtaat alleen in de koleur, zynde de
bovenſte bruin, en de onderſte groen, beide met ſwarte en witte ſtreepen en plekken geçierd,
ze geneeren zich op de Wynſtok, wanneer ze eeten dan maaken ze zig wel een derde langer als of
ze in haar ruſt zyn, haar drek is donker groen, en vertoond zich vyfkantig, dog de kanten rond,
of 'er zes ſtaafjes tegen malkander gevoegt waren, gelyk by de onderſte Rups tot beter begrip verbeeld is.

't Is by my wel gebeurd, dat eenige der groene Rupſen zig neerleiden, en rimpelden zig kort in
malkander, waar uit na weinig tyd zes Maden voortkwamen, deze veranderden in bruine Tonnetjes,
daar dan uit ieder een donkerblaauwe ſwart geſtreepte Vlieg kwam, met roode oogen, en klaare
vlerken als glas.

De bruine Rups veranderde in 't midden van Juli in een ligt bruine Pop, en bleef in deze gedaante tot des volgenden jaars in Mai, wanneer een ſchoone Uil te voorſchyn kwam, zynde de kop, 't
lyf en bovenſte vlerken ſchoon Roſenrood met Papegaygroene ſtreepen en plekjes geçierd, de onderſte vlerken elk met een ſwart vlakje geteekend, en de oogen geelagtig groen, hebbende voor aan
de kop tuſſchen de hoorntjes een dunne lange geele ſnuit, om haar voedzel te trekken, die ze kort
in malkander konnen krullen, en onder de kop bergen: dit is myns dunkens billik voor een der
merkwaardigſte en ſchoonſte veranderingen te achten.

De ſtam van dit Boompje is hogtig, overtrokken met een roodagtige baſt, voortbrengende verſcheide lange telgen, voor-zien als met handen, waar door dat ze opkruipen en zig heg-ten aan de latten en naaſte boomen. Haare bladeren zyn groot, breed en byna rond, ingekorven, groen, blinkende en een weinigje ſtroef in het aanraken. Haare bloemen zyn klein, en geformeert als een tros, gemeenlyk te ſamengeſteld uit vyf ſteeltjes, geſchikt als een Roos, zy zyn van een geele koleur en welriekende. Haar Vrugten zyn ronde of eyronde beſſen, zynde de eene by den andere verzamelt als dikke troſſen, groen, ſcherp in den beginne, maar ryp wordende krygen ze een wit-te, roode of een ſwarte koleur, vleeſagtig, vervult met een zoet en aangenaam ſap. Men noemt ze in 't Latyn *Uva*, in 't Franſch *Raiſins* en in het Duitſch *Druiven*. Zy bevatten in zig verſchei-de ſpitſe korrels, maar zy hebben 'er gemeenlyk maar vier.

L X X I V.

Linden-bloſſem.   *Tilia florens.*

GRoote en ſchoone Rupſen vind men op de Lindebomen, waar van hier onder een afbeelding,
ze zyn leverkoleur wit geſtipt over den rug, het onderlyf is fletsgeel, op het agterſte lid ſtaat
een blaauw hoorntje, en daar agter een geele plek, ze zyn ſtil en traag, dog als men ze aanraakt,
ſlaan ze ſterk met de kop heen en weer, eeven als toornig zynde; wanneer ze volwaſſen zyn ſchuiven ze haar huid af, en veranderen in een ſwarte Pop; deze legt gelyk dood tot des volgenden jaars,
in Mai komt daar zulk een groote fletsgeele groen gevlakte Uil uit; haare vlugt is des avonds.

De Lindeboom is een hooge boom, dik, vol takken. Haar baſt is effen, asgraauw of ſwartagtig van buiten, van binnen geelagtig of witagtig, en zoo buigſaam en gedwee dat ze dien-ſtig is om daar van eenige touwen, ja kabels te maken. Haar hout is zigt, zonder knobbels, witagtig, haare bladeren zyn by beurtwiſſeling gelegen langs de takken, zynde rond, dog op het einde ſpitsagtig, een weinig wolagtig, glanzig en tandswy-ze aan haar zyden gekarteld. Haare bloemen zyn aan vyf ſteel-tjes geſchikt als een Roos, van een Citroen koleur en van een lieffelyke reuk: zy komen voort uit de holligheden van groote bladeren met een vry lange ſteel, en worden onderſteunt door een kelk die in vyf deelen geſneden is. Deze bloemen hebben een groote meenigte van zagte vezelen en een afgerond ſteeltje, dewelke veranderd word in een vlieſagtige doos, zynde eyrond, wolagtig, alwaar men in vind twee langwerpige en ſwartagti-ge zaden.

LXXIV

LXXV

LXXVI

LXXVII

L X X V.

Rozenkoleurde Akkerwinde.   *Convolvulus minor purpureus.*

DEze groote foort van Rupfen vind men zelden, ze onthouden zig meeft in de Koornvelden, en geneeren zig van de wortelen dezes onkruits, haare koleur is ligt bruin, donker geftreept en geplekt, haar drek is mede gelyk in Fig. LXXIII. gezegt is. In 't laatft van Juli deed ik zulk een Rups in een doos met aarde, daar in maakte ze een ronde diepe groeve, daar in gegaan zynde dekteze dit hol met bladeren, en veranderde in een Pop, die voor groen en achter geel was, dog die wierd 's anderendaags bruin, hebbende een verbeelding gelyk oogen, en daar tuffchen een fnuit, ze was zeer fterk van beweeging, in September kwam daar uit een groote Uil te vootfchyn, zynde 't voorlyf en vlerken asgraauw met fwart fchoon gefigureerd, de Romeinfche letters B. C. V. en M. waaren duidelyk op de vlerken te vinden, hebbende verder voor aan de kop een lange bruine fnuit, die zig een end van de kop in tweën kloofde, die zy wederzyds opkrullen, en ook weder in de langte uitftrekken konde, het achterlyf was ligt rood en fwart geftreept, met een asgraauwe ftreep langs 't midden, 't heele lyf was ruig of donfig gelyk vederen, des daags was ze ftil, maar des avonds vloog ze met een groot geruifch, nä de eigenfchap haárer groote.

Deze Plant is dezelve dewelke Johannes Bauhinus *Helxine*, *Cifampelos multis*, of *convolvulus minor*, en Dodonæus *Smilax levis*, *minor* noemt. Op die manier als Cafparus Bauhinus Anguillara aanhaalt, die over dezelve gefchreven heeft, zoo zoude het fchynen dat hy daar van gefproken heeft als van verfcheide foorten. Ondertuffchen zoo zyn die maar alleenlyk drie byzondere benamingen die hy 'er aan geeft van een byzondere betekeniffe, en die men vervolgens agter malkander by een moet brengen, gelyk als *Orobanche Theophrafti*, *Helxine*, *Cifampelos* en *Scammonia parva Plinii*. Zy brengt verfcheide ftammetjes voort, dewelke dun, teeder, langs de grond kruipen en zig vaft hegten aan de na by zynde Planten, en die gemeenlyk in zig bevatten een helder fap. Haare bladeren gelyken na die van de Veilboom, aliäs Klimop-bladeren, maar zy zyn grooter, zagter in het aanraken, dog ftroever als die van de Klokbloem, zynde zenuwagtig en groeijende twee aan twee. In eenige is de kelk dubbelt, de eene heeft van buiten twee bladeren, de andere is van binnen veel kleinder, verdeelt in vyf deelen, op de wyze als een pyp, in de andere is de kelk enkeld. De bloem heeft de gedaante van een klok van een puerpuragtige koleur, eenfteelig en vyf hoekig: zy groeit als gehegt aan een fteeltje, dewelke van tuffchen uit haare bladeren voor komt. De vyf zagte vezelen die uit de grond van de bloem voortkomen, vereenigen zig in een buys: wanneer de bloem is afgevallen, zoo word het eyerneft een byna ronde Vrugt, dik gelyk een Kerffe, vliesagtig, omflingert van zyn kelk, brengende voort drie buizen, byna altyd verdeeld in drie afgefchote kamertjes, zelden in vier, en fomtyds nogtans in een alleen. Ze behelft in zig eenige hoekagtige zaden, zynde fwartagtig of fomtyds roodagtig. Haare wortelen zyn lang, dun en wit van binnen.

L X X V I.

Oyevaaars bek.   *Geranium florens.*

DIt Bloemgewas heb ik tot çieraad hier by gevoegt, want de Rups daar ik van fpreeken zal geneerd zig op het geringfte gras, ik vond ze in Maart, zynde met fwarte ftipjes geçierd, de kop en 't achterfte lid fwart, voor had ze zes klaauwtjes, en in de midden acht voetjes, die lever koleur waaren.

In Juli, wanneer ze zesmaal haare huid afgefchooven had, veranderde ze in een ligt bruine Pop; in Augufti kwam daar een Uiltje uit, welker kop en bovenfte vlerken waaren bruin fwart gefigureerd, hebbende zes bruine hoorntjes, 't achterlyf en de vlerken waaren askoleur, haare vlugt is des avonds.

Tragus heeft aan deze Plant een zeer flegte gedaante gegeven onder de naam van *Gratia Dei vel Geranium quibusdam*. De bloemen worden 'er verbeeld uit een ftuk te beftaan, alhoewel ze zyn uit vyfbladige fteeltjes, na de wyze als Cafparus Bauhinus Anguillara, die over deze Plant gefchreven heeft, aanhaalt. Het fchynt dat deze Schryver daar van twee verfchillende foorten gemaakt heeft, ondertuffchen ftemt Anguillara toe, dat die, die hy *Panax Heracleum* genoemt heeft, dezelve is die hy *Sideritis* noemt. Deze Plant brengt voort verfcheide ftammen tot anderhalf voet hoog, wolagtig, knobbelagtig, takagtig en rootagtig. Haare bladeren fpruiten uit de knobbels van haare takken, gemeenlyk twee aan twee. Haar kelk heeft vyf bladeren gefchikt als een Star. Haare bloemen zyn te famen geftelt uit vyf bladige fteelen, geformeert als een Roos, hebbende tien zagte vezelen, dewelke voortkomen van de buitenfte omtrek van de bodem des eyernefts. Haar Vrugt is geformeert als een naald of als de bek van een Kraanvogel, hebbende aan de beneden voet vyf kamertjes, die ieder in zig bevatten fpitfe zaden, en van ieder kamertje komt een dun pypje voort. Vyf van deze pypjes met elkander digt vereenigt, formeeren met het eyerneft een foort van een Oyevaarshoofd of het hoofd van een Kraanvogel. Haare wortel is dun, van koleur als de Palmboom. Tabernemontanus befchryft ze onder twee gedaantens, namentlyk onder die *Geranium Rupertianum* en onder die van *Geranium Violaceum*.

K 2

LXXVII.

Peerbloſſem.   *Pyrus praſina florens.*

En witte met roode plekken langs den rug geçierde Rups geneert zig op de Peerboom, haar
kop is bruin, ook heeft ze langs het lyf aan beide zyden bosjes hair, voor heeft ze zes klaauwtjes, in de midden acht, en achter noch twee voetjes.

In 't begin van Juli ſchuiven ze haar vel af en veranderen in bruine Popjes, deze zyn langs en op
de kop met bosjes hair bezet, verbeeldende ook twee ſwarte oogen, 't welk al een raare tronie maakt.
In midden des voornoemden Maands komt uit ieder Popje een wit dog ſwart geçiert Uiltje uit, de
onderſte vlerken zyn ligtbruin, 't lyf vleeskoleur, de hoorntjes wit met bruine hairtjes bezet, en de
oogen ſwart, haar vlugt is ſnel en by dage.

LXXVIII.

Alſſem.   *Abſinthium vulgare.*

Oe wrang en bitter ook een Kruit is, zo verſtrekt het nochtans 't een of 't ander Gedierte
tot ſpyze, gelyk aan deze ſtruik blykt. Deze daar op zittende Rups, zynde langs de rug
met een witte ſtreep en bruine vlakjes geteekent, aan de zyde vaalgroen met bruine ſtreepjes, en
heeft onder op ieder lit een wit ſtipje, ook voor zes klaauwtjes, in de midden acht, en achter nog
twee voetjes, geraakt zynde bewegen ze den kop ſnel heen en weêr: ze veranderen in Mai in ſwarte Popjes; na drie weeken komt daar een Uiltje uit, welker kop en bovenſte vlerkjes roſachtig met
ſwarte en bruine ſtreepjes en ſtipjes geçiert is, ook vind men een wit gelyk zilver glantſig plekje in
't midden op de bovenſte vlerkjes, de onderſte vlerken en 't lyf zyn bruin, hebbende twee ſwarte
hoorntjes, en twee glantſige oogen, haare vlugt is 's avonds.

Noch zit daar onder een klein lang groenachtig Rupsje, hebbende een raare gang, het brengt
het achterlyf by het voorſte, maakt een hoogen rug, en ſtapt zoo voort, zomtyds ſtaat het op
zyn achterſte voeten een wyle recht overend.

In 't end van Juli veränderen ze in groene Popjes, na veertien dagen komen daar Uiltjes uit, welker kop, lyf en bovenſte vlerkjes groen met witte, ſwarte en bruine ſtreepjes en ſtipjes geteekent,
en de onderſte ligt bruin zyn: ook hebben ze twee ligt bruine hoorntjes, en vier bruin geſpikkelde
pootjes, zynde gaauw van vlugt.

Deze Plant is dezelve als die, dewelke Caſparus Bauhinus
noemt *Abſinthium Ponticum ſeu Romanum officinarum*; *ſeu Dioſco-
vidis* : en Dodonæus *Abſinthium. latifolium.* Het Alſemkruid
brengt voort een menigte van ſtammen van twee ellen hoog,
gegroeft, overdekt met een graauwagtig hair, takagtig, en
daar komen uit voort eenige bladeren diep ingeſneden, en van
onderen verdeelt, witagtig, zagt, van een ſterk bitter en van

een lieffelyke geur, maar zeer ſterk. Haare takken zyn rondom voorzien met een groot getal witte bloemen, dewelke even
zoo veele ronde Ruikertjes uitmaken, te ſamen geſtelt uit wyde uitgeſtrekte bloemwerkjes als van een Star, van een roſſe
koleur. Daar op volgen eenige dunne eyronde zaden, beſloten
in eenige afgeronde kelken en ſchubagtig. Haar wortel is dik-
agtig, houtagtig en vezelagtig.

LXXVIII

LXXIX

LXXX

LXXXI

LXXIX.

Geele Walſtroo.   *Gallium Luteum.*

Dit gewas verſtrekt tot voedzel van een ſchoone Ruups, welker koleur is groen, hebbende over 't lyf veel ronde witte verheevene ſtipjes, langs beide zyden een witte ſtreep; achter op een half witte en blaauwe hoorn, voor zes klaauwtjes, in de midden acht, en achter noch twee vlees-koleurde voetjes: ik heb ze gevoed tot in 't midden van Juli, wanneer ze vervelden wierden ze vlees-koleur, en vervolgens veranderden in geele graauwachtige Popjes, zynde in deze geſtalte, geraakt weeſende, zeer onruſtig. In 't begin van Auguſti kwam daar uit een Uiltje, dier kop, voorlyf, poortjes en binnenſte vlerkjes waren bruin en donker geſtreept, 't agterlyf wit met ſwarte dwarsſtreepen en hairtjes geçierd, de onderſte vlerkjes waren Oranje, hebbende ſwarte oogen, ſwarte hoorntjes, en voor een ſnuitje om haar voedſel uit de Bloemen te zuigen, haar vlugt is des daags, ze zyn ſnel, en moeylyk te vangen.

Nog heb ik hier by gevoegt een Motte, zynde wit van koleur met een ſwarte kop: deze heb ik in Laken gevonden, daar in had ze een ovaal huisje van de wol gemaakt, dog met een opening, wanneer men het eene end raakt, dan ſpoed ze zig 't ander end uit en weer in: ze veranderen in een Tonnetje, en na veertien dagen komt daar een Motuiltje uit, zynde zilver glantſig, met ſwarte ſtreepjes en ſtipjes geçiert; dog dewyl ze om haar ſchadelyk bedryf al te veel bekent zyn, zal ik ze zoo laten beruſten.

Deze Plant brengt voort eenige ſtammen van vier voeten hoog, zynde teeder en langs de grond heen kruipende indien ze niet onderſteundt wierden door de heggen, ruſſchen dewelke zy gemeenlyk groeijen, als zynde de wortels der zelve dunner als haare takjes óm hoog, dewelke vierkant, glad, groen of zomtyds na een purperagtige koleur ſwymende, voltakkig, knobbelagtig, ledig en bros zyn. Uit ieder van haare knobbeltjes komen voort zeven of agt bladeren, dog zelden meer, zomtyds minder, geſchaardt als een ſtraal rondom de ſtam, gelyk als die van de Kliſſe. Haar bloemen zyn veelvuldig, klein, geel, half of tweeſlagtig, glad, voortkomende uit de punt van het eyerneſt, zonder kelk, aan haar onderſte gedeelte geformeert als een pyp, en na haar bovenſte gedeelte verdeeldt in vier deelen, geſchikt na de gedaante van een ſtar. Zy hebben al zo veel vezelen, als neerhangen groene ſtaragtige neerhangende bladeren. Na dat deze bloemen zyn afgevallen, zoo volgt op yder van haar een Vrugt, in zig behelzende twee korrelen aan elkander vaſt, zynde droog en een Maan verbeeldende. Haare wortels zyn houtagtig en voorzien met onäänen vaſtgevlogte vezelen.

LXXX.

Eltzen Lof.   *Alni Folia.*

Deze op een blad kruipende Ruups is wit en ſwart geſtreept en geſtipt, met een ſwarte kop, hebbende voor ſes klaauwtjes, in de midden twaalf, en achter noch twee voetjes; ik heb ze met deze bladeren gevoed tot in 't end van Juni, wanneer ze zig in een blad rolde, een wit geſpin maakte en veranderde in een Popje; na veertien dagen kwam daar een ſwart geſtipt Uiltje uit, gelyk boven verbeeld is.

Op 't onderſte blad kruipt een ſwart, geel geſtipt, leelyk Beesje met ſes pootjes, deze tot half Juni met deze bladeren gevoed zynde, klampten zich aan ſteeltjes vaſt, trokken haare geſtalte uit; en wierden ſwart en wit geplekt; na weinig dagen kwamen daar tweederlei Torretjes uit, zynde beide ſwart en geel, dog elk byzonder geteekent.

Onder naaſt de ſteel kruipt een geel Ruupsje, 't welk ik mede op deze groente gevoed heb tot in 't laatſt van Juni, wanneer uit zyn lyf, nog levendig zynde, drie Maden kroopen; deze hebben zich elk in een wit eitje geſponnen, en zyn in Tonnetjes veranderd, waar uit na twaalf dagen drie Vliegen te voorſchyn kwamen, hebbende een ſwarten kop, en een geel lyf en pootjes.

Nog kruipt onder ter linkerhand een graauw ſwart geſtipt Ruupsje, zynde de kop en de voorſte klaauwtjes ſwart, en de andere voetjes wit; deze leide zich in Juli ſtil als dood neer, na weinig dagen kroop uit zyn lyf een lange geele dunne Worm, gelyk een draat, deze was ſpeculatif aan te zien; hy ſlingerde zig met veel bogten in en door malkander, wierd ſtyf, en ſtierf.

Deze Boom is van een middelmatige dikte, hebben le een regtopgaande ſtam: haar ſtam is voorzien met uitſpruitſels, dewelke voortkomen uit 't benedenſt van de Plant, verdeeldt in verſcheide takken, en overdekt van een uitterlyk bruine baſt, onder dewelke zig opdoet een andere ſchorſſe van een geele groenagtige koleur, en die het een koleur geeft als die van de Saffraan, zynde bitter van ſmaak, van een zamentrekkende kragt. Haar hout is zagt, buigzaam, ligt, roodagtig, zeer verganke-lyk als het op de grond leit, maar in het water blyft het gelyk als onvergankelyk, en het is ook daarom dat men zig van dit hout boven alle ander hout bediendt, wanneer men in 't water het fondament van eenig gebouw moet maken. De bladeren van deze Boom zyn byna rond, beurtswyze geſchikt, ſwymende na die van een Hazelaar, glad, rein, van een ſwartagtig groen, onderſcheide langs de lengte van de bladeren door ſchuinze zenuwen, dog onder elkander zynze van een even gelykheid. Haare bloemen te zamengeſtelt uit verſcheide zuiltjes aan een draadtje vaſt gehegt. Yder bloem is van vyf zuiltjes te zamen geſtelt, dewelke geplaatſt zyn in de kokers of in de openingen van een kelk, die geformeert is van een blad, en is gekliefd in vier deelen. Het zuiltje word een redelyk ronde beſſe, ſwart, ſchubagtig, ontrent van de dikte van een Moerbezie en rootagtig. Zy opent zig by verſcheide ſchubagtige bundeltjes, en laat in de klooven te voorſchyn komen eenige platte en roodagtige zaden. Om deze Plant te verbeelden, zo heeft Lobel zig bediend van de gedaante van de *Alnus altera Cluſii*, dewelke nogtans van deze verſchillende is. Caſparus Bauhinus, die over Mathiolus geſchreven heeft, Gesner, Tragus, Dodonæus en Stapel hebben de groene draadjes van deze Boom met die van haare vrugten ondereen verwardt. Johannes Bauhinus, die haar wel heeft onderſcheiden, vermoed' dat deze kleine draaden, dewelke aan het einde van deze jonge vrugt zyn, de bloemen zyn van den Elzenboom. Dog het is beter de groen neerhangende ſchiltjes op te vatten voor de bloemen.

L

L X X X I.

Bonte Angelier.   *Cariophillus variegatus.*

OP deze halfbloeijende Bloem kruipt een Rups, zynde langs de rug donker bruin, de kop en
voeten ligt geel, als ik ze met deze Bloem gevoed had tot half Juli veranderde ze in een
bruine Pop, in deze gestalte bleef ze leggen tot de volgenden jaars in 't midden van Juni, wanneer
daar een Uil uit kwam, welkers kop en bovenste vlerken swart gefigureerd, het achterlyf, de onderste vlerken, de hoorntjes en pootjes asgraauw waren, haare vlugt was des avonds.

Het andere Wormken, dat zig aan de steel der groote Bloem vertoond, geneerd zig van de groene Diertjes, die dit Gewas mede voed; deze voornoemde Worm zit geheel stil zonder beweeging,
als nu de gezegde groene Luisjes over des Worms lyf heen loopen, dan vat hy ze schielyk, zuigt
het vogt daar uit, en laat als dan de leege bast vallen; in 't end van Juni veranderde ze in een bobbel of blaas; na veertien dagen kwam daar een Vlieg uit, welker kop rood, 't lyf swart, over dwars
geel gestreeept, en de voetjes bruin waren.

L X X X I I.

Bloeyende Borrage.   *Borrago cœrulea.*

ONder ter rechterhand op een blad zit een groene Rups, hebbende voor zes klaauwtjes, en
achter vier voetjes, men vind ze ook wel op de Bloemkool; in Augusti maaken ze een wit
gespin, en veranderen sommige in bruine, andere in donker groene Popjes, en ettelyke krompen
onder 't spinnen in malkander, waar uit dan Maden voortkwamen, die dan stierven; uit de donker
groene Popjes kwamen zulke swarte vliegende Beesjes, gelyk Wespen, met geele pootjes en klaare
vlerkjes, en uit de Popjes kwamen donker graauwe Uiltjes voort, met swarte en zilver blinkende
streepjes en stipjes geçierd, hebbende twee swarte lange en nog twee korte hoorntjes, en vier graauwe pooten, gelyk boven verbeeld is.

Het andere aan de linkerhand op een blad zittend Rupsje heb ik op een Pruimboom gevonden en
daar mee gevoed, tot zo lang ik bladeren heb konnen bekomen, doe maakte ze een dun gespin, en
bleef daar in zonder eeten levendig tot des volgenden jaars in Maart, wanneer ze in een ligt bruin
Popje veranderde, waar uit in 't midden van April een swart en wit gestreept en geplekt Uiltje kwam,
hebbende twee graauwe hoorntjes en vier pootjes, gelyk nader in de Print vertoond word.

Casparus Bauhinus noemt deze Plant ook *Buglossum latifolium.* Zy doet uit haar wortel voortkomen eenige breede langwerpige bladeren, hairagtig, een weinig stekende, ruw in het aanraken, het meeste gedeelte verspreid op de grond. Haar stam groeit omtrent tot op de hoogte van anderhalf voet, swak, ledig, rond, takkig, teeder, voorzien met een dik stekelig hair, na de grond hangende, en zig niet konnende opregten als met moeyte. Haar kelk is breed, gesneden in vyf lange stralen, dun, geschikt als een star. Haare bloemen zyn blaauw, ieder is op een voet alleen geformeert als een rad, gelykende na het radje van een Spoor. Na dat de Bloem is vergaan, zoo komen in haar plaats vier in een gedroogde zaden, zynde te samen in de kelk van de Bloem. Ieder van deze zaden heeft de gedaante van een Slange hooft, zynde van een swarte koleur. Haar wortel is lang en dik als een vinger.

LXXXII

LXXXIII

LXXXIV

LXXXV

LXXXIII.

Offentonge.   *Echium vulgare cœruleum.*

EEn klein dog net Rupsje geneert zig op dit Gewas, zynde fwart, met geele kruisjes over de rug, en witte ftreepjes over dwars geteekent, ook zeer gaauw in 't loopen: ik heb ze gevoed tot in 't midden van September, wanneer ze een wit gefpin maakte, waar in ze bleef tot des volgenden jaars, in April kwamen daar zulke kleine fwarte Vliegen uit, gelyk boven vertoond word.

Als ik, in gevolge myner gewoonte, een menigte van Uiltjes en Kapelletjes in houte doofen met fpelden vaft geftoken had, om aan de begeerige Liefhebbers het ftille leven te konnen toonen; niet tegenftaande deze bloedeloofe beesjes ettelyke jaaren verdroogt waren, wierd ik egter gewaar dat daar uit te voorfchyn kwamen levendige Wormpjes, zynde bruin met witte ftreepjes dwars over geteekent, en gebruikten zulks tot fpyze daar ze uit voortgekomen waren, tot dat ze veranderden in ligt bruine Popjes, waar uit na weinig tyds kleine fwarte Torretjes kwamen, hebbende een bruine ftreep dwars over 't lyf, zynde deze verandering onder naaft de fteel verbeeld.

Nog word onder ter linkerhand op dit blad vertoont een Kaasmade; ik heb bevonden dat deze veranderen in bruine Tonnetjes, waar uit binnen veertien dagen kleine bruine Vliegjes komen.

Deze Plant brengt voort eenige ftammen van meer als twee voeten hoog. Zy is groen, hairagtig, gemerktekent met fwarte punten. Haare bladeren zyn langwerpig, hairagtig, fmal, ruw in 't aanraken, voorzien met fcherpe punten. Haar kelk is geklooft tot aan de grond toe, die zeer breed of wyd uitgebreid is, verdeeld in vyf deelen, lang, fmal, fpits en uitgegroeft Haare bloemen omflingeren de ftammen byna van beneden tot boven toe, zy hebben de gedaante van een tregter, gebogen, en ingefneden by de randen in vyf ongelyke deelen, blaauw van koleur, hebbende in het midden vyf vezelen en een zuiltje. Wanneer de bloem is afgevallen zoo volgen daar op vier aan elkander gevoegde zaden, zynde rimpelig, hebbende ieder op zig zelve de gedaante van een Slangehoofd, en daar van is oorfpronkelyk dat men de Plant noemt in 't Frans *Herbe aux Viperes.* Haar wortel is lang, dik als een duim en houtagtig. Johannes Bauhinus heeft aangemerkt dat Dodonæus de *Echium* met de gemeene Hondstonge onder een verwart heeft. Want hy meent dat ze de ftam fcherp en ruw heeft: aan de andere kant heeft hy zig bedient van een flegt voorbeeld, afgefchetft na die van Fuchfius. Dezelve Schryver zegt dat Fuchfius de *Bugloffum*

fylveftre, minus heeft doen etfen in de plaats van de *Echium,* en dewelke de gedaante van de *Echium* uitgeeft voor die van de *Cynogloffum:* het is waarfchynlyk dat hy bedrogen is geworden door de gedaante die 'er Tragus aan gegeven heeft. De twee afbeeldfels, die Lobel daar aan gegeven heeft, verbeelden de *Echium,* alhoewel dat de eene genoemd word *Lycopfis altera, Anglica,* en de andere *Echium* of *Bugloffum fylveftre.* Deze Plant word vier maal gevonden in de *Hiftoire des Plantes de Lion,* alwaar ze genoemt word *Cynogloffum Matthioli, Onosma Matthioli, Echium Matthioli* en *Lycopfis Anglica Lobelii.* Johannes Bauhinus twyffelt of de Echium van Cefalpinus dezelve is als die waar van dat hier gefproken is. Maar de Heer Tournefort verzekert dat Cafparus Bauhinus met meer reden de Plant van Cefalpinus heeft doen gelyken na de *Lycopfis Pin.* dewelke is de *Lycopfis* of de *Lycopfis degener Aachufa Æginetæ, Matthioli Cynogloffum,* dewelke Pena en Lobel by Frontignan aantekenen, en dat die geen die Regifters van de Koninglyke Tuin van Parys hebben famengefteit, en die van Blois, haar hebben genoemt *Lycopfis Mompeliaca floribus dilutè purpureis.*

LXXXIV.

Blaauw Beffen.   *Myrtillus, baccis nigris.*

AAn deze fteel kruipt een Rups, welker geftalte heel vreemd dog çierlyk is, hebbende een bruine kop, boven met vier roode plekjes geçierd, en een dubbelde fwarte baard, 't lyf is bruin met roode en geele ftreepjes, een breede fwarte ftreep langs de rug geteekent, daar op vier geele bosjes hair, en op het achterfte lit nog een bosje, zynde onder fwart en boven geel, de zes voorfte klaauwtjes met de middelfte acht voetjes zyn geel, en de achterfte twee zyn fwart. Ik heb ze gevonden in Mai en Juni, en met deze, als ook met Sleepruim bladeren gezoed, tot dat ze haare geftalte verwiffelden, 't welk op tweederlei wyze gefchiede, zommige maakten een open geel gefpin en veranderden in geelagtige graauwe Popjes, gelyk onder ter linkerhand getoont word, na vier weken kwam daar een zeer flegt Uiltje uit, mede daar boven op een blad getoond, leggende een meenigte witte eiertjes. Andere klampten zig vaft aan het dekfel van de doos, gelyk deze gedaante boven vertoont word, binnen vier weken kwam daar een flegt vliegend beesje uit, hebbende een fwarten kop en lyf, en zes donker geele pooten, gevende een boven maten lelyken ftank van zig.

Als ik in 't jaar 1688. in Vriesland was, vond ik in 't begin van Augufti die zelve foort van Rupfen, waar van een der zelve een gefpin maakte en veranderde in Wormtjes, en deze weer in zulke Tonnetjes, gelyk boven de Rups op twee groene blaadjes vertoond word; des volgenden jaars in 't laatft van April kwamen daar uit twee zulke Vliegen, als ook op een groen blad verbeelt is; de andere Rupfen maakten een gefpin en veranderden in fwarte Popjes, waar uit donker geele Uiltjes te voorfchyn kwamen.

Nog geneert zig op deze bladeren een fwarte Rups, hebbende op ieder lit een bosje geel hair, en op beide zyden op elk lit een wit ftipje, in Juni maken ze een wit gefpin, en veranderen in fwarte Popjes; na veertien dagen komt daar een wit met fwarte ftreepjes en ftipjes geçierd Uiltje uit, hebbende een bruine verfchyn, gelyk deze veranderingen ter rechterzyde boven malkander verbeeld zyn.

Deze is dezelve Plant dewelke Cafparus Bauhinus noemt *Vitis Idæa, foliis oblongis, crenatis fruEtu nigritante,* Dodonæus *Vaccinia nigra,* en Johannes Bauhinus *Vitis Idæa angulosa.* Dit is een klein Boompje, anderhalf voet hoog, dewelke dunne takken doet uitfchieten, overdekt met een groene baft. Haare bladeren zyn langwerpig, een weinigje tandswyze aan haare randen gekartelt. Haare bloemen zyn rond, hol, eenvoetig, geformeert als een klok, wit van koleur, dog roodagtig, fteunende yder op een kolk, dewelke, als de bloem verwelkt is, een kloodagtige beffe word, zagt en vol van zap, ter grootte van een Jeneverbeefje, hol als een navel, van een donker blaauwe koleur, fwartagtig, van een zamentrekkende fmaak, eenigfints na het zuur trekkende: Zy behelft in zig verfcheide kleene witagtige zaden. Haare wortel is klein en houtagtig.

L X X X V.

Slee-Pruim-Bladeren.   *Pruni sylvestris folia.*

DEze onder op een groen blad zittende bruine met witte streepjes geçierde Rups vind men
meest op alle Vrugtboomen, thans heb ik ze met deze Sleebladeren gevoed tot in 't eind van
Augusti, wanneer ze een dun gespin maakten, en veranderden in een bruin Popje, na veertien dagen kwamen daar Uiltjes uit, welker lyf fiets geel, de vlerkjes en pootjes wit, de oogjes swart, en
de hoorntjes geel waren, haare eiertjes dekken ze met een dons, om ze tegen sneeuw, regen en
koude te verzorgen. Ook zyn uit ettelyke dezer Rupsen Maden gekroopen, die in Tonnetjes veranderden, waar uit in tien dagen Vliegjes kwamen.

Hooger opwaarts zit mede een Rups op een Sleeblad, zynde swart geel gestreept en glansig van
lyf; in 't midden van Augusti klampen ze zich vast aan een takje, omwinden zich vast met een
witte draat, gelyk Zyde, en veranderen in Popjes, zynde zommige wit, geel en swart geplekt, andere zyn groen en geel met swarte vlakken, geraakt zynde zyn ze zeer beweegende; in 't laatst van
Augusti komen daar witte en geele Witjes uit, zynde de vlerkjes met swarte streepjes geteekent,
ook is 't lyf, de oogen en pootjes swart, zynde over dag zeer snel van vlugt.

L X X X V I.

Bloeyend Cypergras.   *Gramen Cyperoides.*

DEze donker bruine Rups heb ik in 't Gras gevonden, en daar mede gevoed tot in 't laatst van
Augusti, wanneer ze een wit gespin maakte, schoof haare huid af, en veranderde in een ligt
bruine Pop. In deze gedaante bleef ze stil leggen tot des volgenden jaars, in 't midden van Juni
kwam daar een bruin Uiltjen uit, hebbende geelagtige hoorntjes en pootjes, swarte oogen, en swarte streepen langs de vlerken.

De oude Kruydkenners hebben deze Plant geplaatst onder de
soorten van Gras, maar de Heer Tournefort heeft 'er een afge-
zondert geslagt van gemaakt. Haare bladeren zyn anderhalf
voet hoog, vry breed en hol, haar stam schiet dikwils op ter
hoogte van drie voet, zonder knobbels, dragende op haare topenden schelpagtige aëren, tusschen dewelke eenige ros-vezelige
bloemen zyn vastgehegt: haare bloemen laaten niets na haar;
maar de aëren die onder aan zyn, dragen eenige korrels en de en
bloeijen niet: Deze korrels komen voort onder de schubben die
de aëren te zamen stellen. Zy zyn driehoekkig en yder besloten in een vleesagtig doosje. De wortels zyn vry dik, knobbelagtig, gelykende na die van de lange wilde *Galigam*: Zy zyn
voorzien met eenige vezelen.

LXXXVI

LXXXVII

LXXXVIII

LXXXIX

L X X X V I I.

Roode Willige.   *Salicis vulgaris rubentis Folia.*

ONder op een groen blad word de Liefhebbers wederom eene der fchoonfte Rupfen vertoont, zynde over 't geheele lyf fchoon groen, met witte ftipjes, en op ieder lit met een fchuinfe witte ftreep geçierd, heeft ook op 't agterfte lit een hoorn; ze wierd my vereerd van een Adelyke Dame, zynde beneffens deze fpeculatie ook een Liefhebberes der Schilderkonft. Deze Rups had haar volkomen wasdom, dat ik naauwlyks zoo veel tyd had om ze te fchilderen, dewyl ze overging tot haare verandering, fchoof haar vel af, en wierd een Popje; in deze geftalte bleef ze ftil leggen tot des volgenden jaars, in 't laatft van Mai kwam daar een heel fchoon Uiltje uit, welker kop, lyf en bovenfte vlerken waren bruin, wit, geel en fwart gefigureert, de onderfte vlerken waren geçierd met twee groote oogen, welker middelpunt fwart en met een blaauwe kring omtrokken, ook na boven ligt bruin, en na onderen Rofenverwig waren, verder had ze fwarte oogjes, donker of flets geele hoorntjes en pootjes: Deze foort heb ik voor of na niet meer gezien.

Boven op een groen blad zit een klein ligt groen met witte ftreepen geçierd Rupsje, zynde zeer gaauw; ze geneeren zig op de Willige, en fpinnen ettelyke bladeren tot malkander, daar in ze gelykfaam woonen, in 't laatft van Juni veranderen ze in bruine Popjes, na veertien dagen komen daar asgraauwe met witte geçierde Uiltjes uit, zynde heel gaauw van vlugt.

In 't jaar 1690. in Vriesland zynde, vond ik in 't begin van September een Rups, vaft zynde aan een rysje, met de rug onderwaards, waar aan drie bruine harde Jonnetjes vaft waren, ook kropen noch ettelyke Maden uit de rug van de Rups, die, eenige dagen gefponnen hebbende, gelyk katoen, veranderden mede in zulke bruine Tonnetjes; de Rups geftorven zynde, nam ik de Tonnetjes en bewaarde ze tot des volgenden voorjaars, wanneer daar uit zulke kleine Vliegen kwamen, gelyk twee derzelver alhier verbeeld worden.

L X X X V I I I.

Veld-kruis-diftel.   *Eryngium campeftre.*

ZUlk foort van fwarte Rupfen, gelyk onder op een groen blad zit, vind men een meenigte op de Brandenetelen Dewyl ik de Brandenetelen in 't begin van dit Werk alreede verbeeld heb, zo zal ik deze Diftelbloem om haare fchoonheid alhier plaatfen.

Deze Rupfen nu gaan tot haare verandering in 't laatft van Juni, makende zich van achteren vaft, hangen 't onderfte boven, en worden bruin als Goudglanfige Popjes; na veertien dagen komen daar uit fchoone Kapellerjes, welker onderfte vlerkjes zyn donker bruin, en de bovenfte wat ligter, met witte plekjes gemarmert, zynde 't lyf fwart, de hoorntjes wit gefpikkelt, de pootjes graauw, en fnel van vlugt.

Nog zit onder vry een kleine groene Rups met een geele kop, deze vind men mede op de Brandenetelen, welker bladeren ze in malkander rollen, en nemen daar in haar toevlugt, ook veranderen ze daar in bruine Popjes; na veertien dagen komen daar kleine ligt bruine fwart geftreepte Uiltjes uit. Zommige dezer Rupfen leggen zig neder en fterven, waar uit dan zeer veel kleine Maden voortkomen, na korten tyd veranderen ze in Tonnetjes, na tien à twaalf dagen komen daar uit kleine Vliegjes, die fwart zyn.

De ftam van deze Plant groeit ter hoogte van anderhalve voet, zynde rond, gegroeft, vervult met een wit merg, verdeeld na zyn uiteinde in verfcheide takken. Haare bladeren zyn breed en diep ingefneden, doornagtig, hard en by beurtwiffeling gefchaart op haar ftam. De topenden van de ftammen zyn beladen met een groot getal ftekelagtige hoofden, waar van de grond is een Kroon van kleine fpitfe en ftekende bladeren, namentlyk aan haare randen. Deze hoofden onderfteunen eenige witte bloemen van vyf na beneden gaande blaadjes, geformeert als een Roos. Wanneer de bloemen zyn verdweenen, zoo volgen daar op eyronde korrels. Haar wortel is zeer lang, dik, gelyk als een vinger en wit. Cefalpinus vermeent dat men op deze Plant geen bloem gewaar word. Dodoraeus verzekert dat deze Bloem blaauw is, en zelden geel : maar de Heer Tournefort heeft ze aangemerkt als vyf witagtige na beneden hangende Bloempjes.

M

LXXXIX.

Jonge Kool.   *Brassica viridis.*

WAnneer deze Plant jong is, word ze greetig verteert van een grasgroene Rups, hebbende een geele streep langs de rug, en op beide zyden van eider lit een geel stipje; volwassen zynde, schuiven ze 't vel af, hangen zig elders, en veranderen in flets bruine swart gestipte Popjes; na veertien dagen komen daar uit een soort van Witjes, zynde kleinder als die ik hier voor getoont heb.

In Augusti heb ik ook wel kleine Rupsjes op de Kool gevonden, zynde mede groen met een geele streep over de rug geteekent, hebbende aan elk lit twee voetjes; deze veranderen in Popjes, niet veel van de Rups verschillende: na tien dagen kwamen daar Vliegen uit, welker lyf swart en wit geplekt was, hebbende roode oogen en zes geele pootjes, zynde traag van vlugt.

X C.

Wilde Zuuring.   *Acetosa pratensis florens.*

OP dit Kruit vind men een swarte, rood en wit geplekte ruige Rups, zynde 't hair, de kop, de zes voorste klaauwtjes en acht voetjes ligt bruin; tot haar volkomene groote gekomen zynde leggen ze zig elders met een bogt, worden ligt van koleur en veranderen in een ligtbruine Pop, zommige bleven aldus drie maanden, en ettelyke tot des volgenden jaars in April leggen, wanneer daar uit een gering Uiltje te voorschyn kwam, welker lyf en onderste vlerkjes geel, de kop en bovenste vlerkjes, hoorntjes en pootjes bruin swart en gespikkelt waren, zynde haar vlugt 's avonds.

Deze Plant is dezelve dewelke Johannes Bauhinus *Oxalis vulgaris, folio longo*, noemt, en Tabernemontanus *Oxalis ovina*, en de Heer Tournefort *Oxalis arvensis lanceolata*. Haare bladeren zyn klein, hebbende de gedaante van een Speer, groen, blinkende, opgevuld met een suur of scherp sap. Haare bloemen zyn klein, voorzien met verscheide vezelen, vastgehegt aan het onderste van de kelk, geplaatst als op twee ryen, drie aan drie; Als haare bloemen zyn afgevallen zoo volgen daar op driekante zaden, roodagtig, omvlegt van een doosje. Haar wortel kruipt langs de aarde, hairagtig, vezelagtig, rood, gevende aan de Garstendrank een Wynkoleur. Deze Plant schynt op de grond zeer rood, voornamentlyk als haare zaden ryp zyn.

XC

XCI

XCII

XCIII

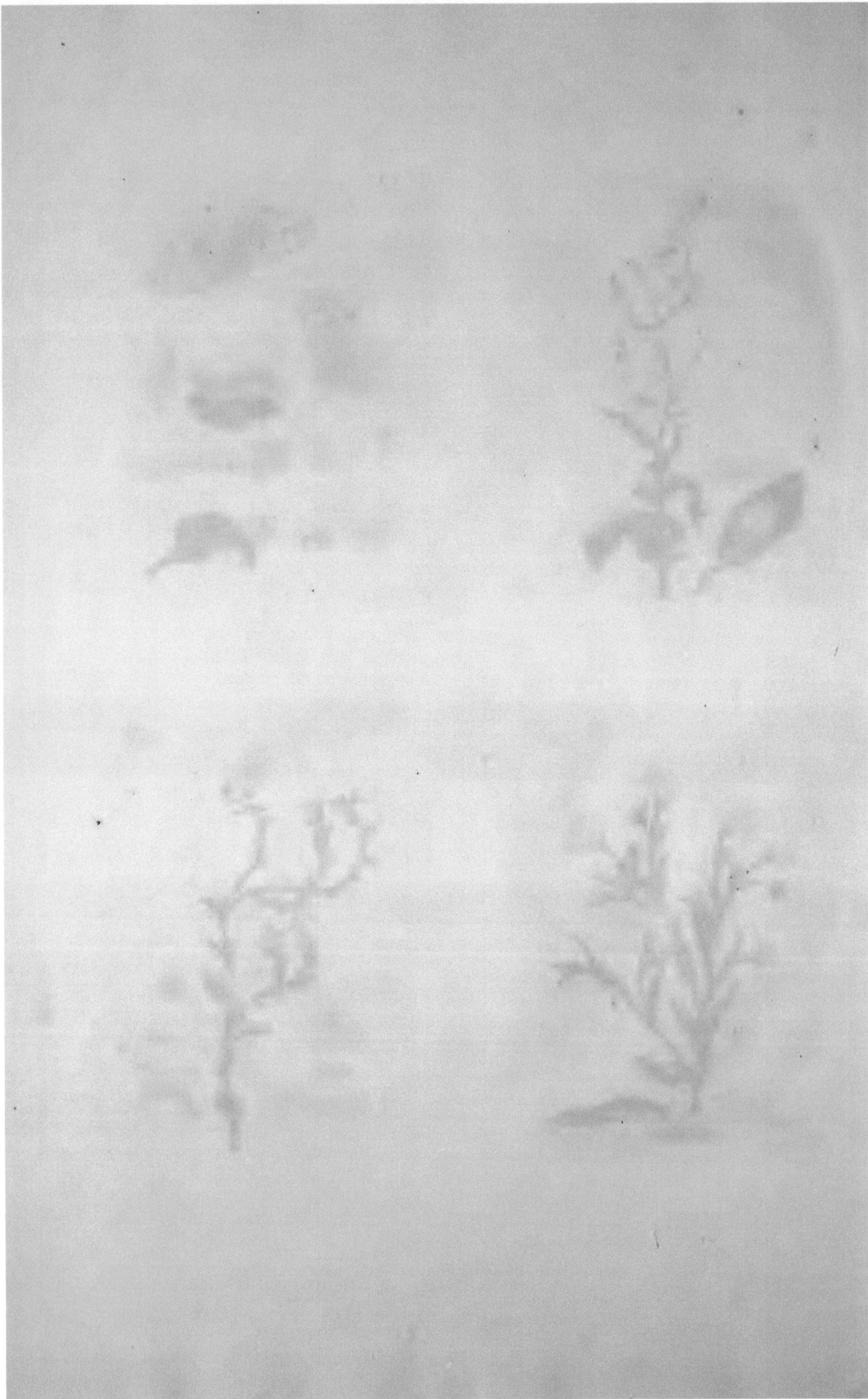

X C I.

Brandenetelbladeren.   *Urtica urentis folia.*

Hier worden verbeeld drie Rupfen, die wel van eenerlei aart, dog van koleur verfchillende zyn, de bovenfte op een groen blad zittende is in 't geheel fwart, met witte glantfige ftipjes boven de wortel van het hair, en onder langs beide zyden met een geele ftreep geçiert; na dat ik ze gevoed had tot in 't midden van September, veranderde ze 't onderfte boven hangende in een bruine Pop, na veertien dagen kwam daar uit een Kapelletje, die in fchoonheid alle andere overtreft, zynde 't lyf, kop, hoorntjes en pootjes donker bruin, de bovenfte vlerken fwart en donker bruin, met een breede vermelioen roode ftreep, blaauwe en witte plekjes geteekent, de onderfte vlerkjes zyn ongemeen fchoon, met veel klein çieraad van alderlei koleur door malkander verçierd.

De aan de regter zyde onder deze zittende Rups, zynde 't lyf ligt geel, de kop bruin, de klaauwtjes en voetjes vleeskoleur, veranderde mede op de voorige wyze in een bruine Pop, waar uit ook na verloop van veertien dagen zulk een Kapelletje voortkwam, als boven.

De derde rondgebogte Rups was eerft fwart, dog veranderde haar koleur, wierd bruin en leide zig met een ronde bogt neer, waar uit na korten tyd veele kleine Maden kroopen, die zig in een fponnen, en veranderden in Tonnetjes, na twaalf dagen kwam uit elk een fwart Vliegje, mede hier vertoond.

Op 't onderfte blad zit nog een bruin ruig Rupsje, welkers rug en onderlyf rood was, aangeraakt zynde rolt het zig in malkander als een klootje; in 't laaft van Mai leid het zig gebogt neer, bleef aldus leggen tot half Juni, wanneer daar een Vlieg uit kwam, welker kop, lyf en hoorntjes fwart, de vier vlerkjes doorfchynend, en de pootjes geel waren, hebbende op 't achterlyf een geele plek.

X C I I.

Vlasbloem.   *Linum florens.*

Dit Gewas verftrekt tot voedfel van een groenagtige bruine Rups, zynde onder ligtgroen, en onder langs beide zyden met een witte ftreep geteekent, hebbende voor zes klaauwtjes, in de midden acht, en achter nog twee voetjes. In 't begin ven Augufti fchoof ze haare huid af, en veranderde in een glantfige Pop; des volgends jaars in 't laatft van Mai kwam daar een asgraauwe Uil uit, welker vlerkjes fwart verçierd waren, hebbende fwarte oogen, haare vlugt was s'avonds

De ftam van deze Plant is gemeenlyk ontrent twee voeten hoog, hol, rond, dun, takagtig na haare topenden: haar baft is vol draadjes, dewelke dienen om daar van zeer fyn Linden te maken. Haare bladeren zyn langwerpig, fpits, fmal, byna altyd beurtsgewyze geplaatft langs haar ftam. Haar bloemen groeijen op de uiterfte topenden, zynde blaauw, en ieder van haar te famen geftelt uit vyf na beneden hangende blaadjes, ge-schikt als een Nagelbloem en onderfteunt door een kelk met verfcheide bladeren. Deze bloem verdwenen zynde, komt 'er een Vrugt van de dikte als een kleine Erwt te voorfchyn, zynde byna rond en fpits toeloopende; in zig behelfende tien vleesagtige doosjes, en tien langwerpige, platte en gladde zaden, zagt in het aanraken, roodagtig van koleur, blinkende, vol van merg of oliagtige fubftantie. Haare wortels zyn klein en dun.

M 2

X C I I I.

Kleine Wegerik, of Weg Gras.   *Centumnodia, five Polygonum florens.*

Ter linkerhand zit een bruine Rups, zynde van onderen graauw, heeft voor zes klaauwtjes, in de midden acht, en achter noch twee voetjes, ze veranderde op 't laatst van Juli in een ligt bruine Pop, in de midden van Augusti kwam daar uit een swart gestreept Uiltje, welker vlugt was 's avonds.

Nog legt onder ter regterhand een groene Rups, zynde langs 't lyf met drie geele streepen en veel swarte plekjes geçierd; ik heb ze met dit Kruid gevoed tot in 't laatst van Juni, wanneer ze stil bleef leggen, na veertien dagen kroopen daar uit vier en dertig kleine witte Maden, die veranderden na weinig tyds in Tonnetjes, waar uit in 't laatst van Juli zoo veel swarte Vliegjes kwamen.

Een andere Rups dezer aard leide zig stil neer, waar uit een groote witte Worm kroop, deze veranderde in een bruin Tonnetje, na weinig tyds kwam daar uit een groote bruine swart gestreepte Vlieg te voorschyn.

Boven op dit Kruid zit een geele bruin gestreepte Rups, zynde voor met zes klaauwtjes, en achter met twee voetjes voorzien, daarom maakte ze met het lyf een hooge bogt in 't gaan; met dit kruid gevoed zynde tot in 't laatst van Juli, veranderde ze in een bruine Pop, waar uit in September een wit met roode en bruine streepen geçiert Uiltje kwam, zynde zeer rad van vlugt.

De Heer Tournefort noemt deze Plant *Polygonum latifolium*, Rai en Dodonæus *Polygonum mas*. Zy brengt verscheide stammen voort, zomtyds regt opgaande, dog meesten tyd op de grond nederleggende, een voet of anderhalf voet lang, buigzaam, dun, rond, hebbende veel quasten die vry digt by elkander staan, omkleed met bladeren die beurtsgewyze geschaart zyn, zynde langwerpig, smal, spits en vastgehegt aan zeer korte steelen. Yder van haare bloemen zyn te samen gesteld uit vyf vezelen, ondersteunt door een kelk, gesneden als een tregter. Zy komen voor den dag uit de holligheden van de bladeren. Wanneer de bloem vergaan is komt 'er een driehoekig zaad te voorschyn, bruin van koleur, besloten in een doosje, die de bloem verstrekt heeft voor een kelk. Haar wortel is lang, enkeld, houtagtig, voorzien van verscheide vezelen, zeer vast gehegt aan de grond.

X C I V.

Sleebloffem.   *Acacia Germanica flos.*

Deze onderste korte dikke Rups was groen, met bruine plekken geteekent, hebbende voor zes klaauwtjes, in de midden acht, en achter nog twee voetjes; haar gang was zeer traag, rekkende 't voorlyf een wyl om hoog, en swaait daar mede heen en weêr, tot dat ze een weg kiest; van deze bladeren gevoed zynde, maakte ze zich tegen 't deksel van de doos vast, en veranderde in 't midden van Augusti in een vaalgeele Pop, hangende 't onderste boven: in deze gedaante bleef ze tot des volgenden jaars, wanneer den negenden Mai een schoone Kapel te voorschyn kwam, zynde geel, de vlerken swart gestreept, de onderste vlerken met orange en blaauwe vlakken, ook met twee lange achteruitgaande punten geçiert.

Nog vind men op deze struik een soort van kleine ligtgeele en graauwe swart gestipte Rupsjes, met swarte kopjes en voeten, deze maken een groot eil gespin, gelyk een Spinneweb, daar ze uit en in loopen: ze veranderen in 't laatst van Mai in Popjes van verscheide koleur, waar uit in Juni kleine Uiltjes voortkomen, welker bovenste vlerkjes wit met swarte stipjes, de onderste vlerkjes, 't lyf, de hoorntjes en pootjes graauw van koleur zyn.

XCIV  XCV

XCVI  XCVII

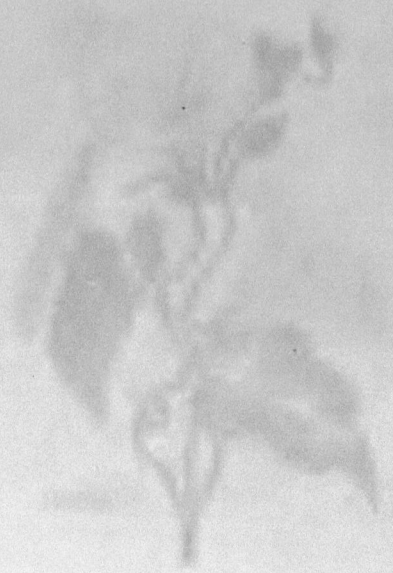

X C V.

Bloeyend Duivels-wargaarn.   *Convolvulus major, flore albo.*

OP dit weelderig Groen geneert zig deze groote Rups, haare koleur is over 't geheele lyf ligt groen, als ook haar klaauwtjes en voetjes: in 't midden van Juli fpinnen ze zig in een blad, en veranderen in bruine Popjes; in 't begin van Augufti komen daar zulke Uiltjes uit, gelyk boven op een Bloem vertoond word, zynde asgraauw donker bruin gefigureerd, haare vlugt is 's avonds.

Ter linkerhand boven op een knop zit nog een klein ligt groen Rupsje, welke zig mede op dit Gewas geneert, ik heb ze gevoed tot in Augufti, wanneer ze zig veranderde in een Roofenkoleurd Popje, na veertien dagen kwam daar zulk een vliegend Beesje uit, gelyk ter linker zyde op de Bloem verbeeld is, hebbende agter twee lange en voor vier korte pootjes, zynde ligtgraauw van koleur.

Céfalpinus heeft gelooft dat de wortel van deze Plant alle jaaren verging, maar het is zeker dat ze levendig blyft.

X C V I.

Roode Willige Bloffem.   *Salix rubra florens.*

ZUlk een groene Rups heb ik in Juli op deze Boom gevonden, die zig, zo dra ik ze t'huis bragt, in een dezer bladeren fpon, en veranderde in een donker bruine Pop; in 't begin van Augufti kwam daar een Uiltje uit, zynde ligt flets bruin, de vlerken donker geftreept, vliegende s'avonds.

In 't midden van dit Struikje op een fteel vertoond zig een ander klein Rupsje, ik heb ze met deze bladeren gevoed tot in 't midden van juni, wanneer ze veraneerde in een Popje of Tonnetje, na dat dit acht dagen aldus had gelegen, begon het continueel te tikken, gelyk een Zak-horlogie; in 't begin van Juli kwam daar een Vlieg uit, welker lyf, kop en hoorntjes fwart, de twee vlerkjes doorfigtig en de zes pootjes geel waren.

N

X C V I I.

Hoogroode Anemone.   *Anemone flore coccineo.*

Deze fchoone Bloem heb ik om haare zeldfaamheid alhier verbeeld, maar het regte voedfel dezer Rupfen zyn de Brandenetelen, deze Rupfen zyn wel eenderlei aard, hoewel ze onderfcheiden van koleur zyn, zynde de eene ligt groen, en de andere bruin, beide met witte en fwarte
ftreepjes fchoon geçierd; ik heb 'er eenige gevoed tot in 't begin van September, wanneer fommige een
wit gefpin maakten, en veranderden in bruine Popjes, andere leiden zig ftil neêr, wierden bruin en
krompen op in twee onderfcheidene deeltjes, waar uit na weinig tyds twee witte Maden kroopen,
die veranderden in Tonnetjes, en daar uit kwamen weêr twee blaauwe Vliegen met roode koppen;
de Popjes bleven leggen tot des volgenden jaars, in Februari kwamen daar uit graauwe en ook bruine wit en fwart geçierde Uiltjes, die haare vlugt mede 's avonds maakten.

De Anemone, anderfints Anemiaffe, doet uit haare wortelen voortfchieten eenige byna ronde bladeren, gelykende na die van de Renunklen, zeer diep ingekorven, vaftgehegt aan eenige fteeltjes. Uit het midden van deze bladeren klimmen eenige ftammetjes na om hoog, tot ontrent het midden, zynde ontrent deze plaats voorzien met drie bladeren geformeert als een rabat. Yder van deze ftammen onderfleunen een fchoone, breede ronde bloem als een Roos, rood van koleur, zomtyds verçierd met een kuif, die men zegt een fluweele zagtigheid te hebben, als een Klapper Roos. Wanneer deze bloem is afgevallen, zoo komt 'er de meeften tyd te voorfchyn een langwerpige Vrugt, in zig bevattende een pit in zich hebbende verfcheide zaden, zynde yder der zelve gemeenlyk overtrokken met een pluisagtig kapje. Haar wortel is knobbelig en quaftig, uitgezondert die van de Virginie en de derde van Mathiole, dewelke voorzien is met vezelen. Daar zyn 'er die geel, wit, purper, lyfverwig, blaauw, paars, en andere die van verfcheide koleuren zyn, dewelke men gemeenlyk bonte Anemiaffen noemt.

X C V I I I.

Zwynsbrood.   *Cyclamen flore purpureo.*

Een bruine Rups, zynde van onderen groen, hebbende voor zes klaauwtjes, in de midden acht,
en achter nog twee voetjes, na dat ik ze met Lattou gevoed had tot in 't laatft van Augufti,
veranderde ze in een bruine Pop; in September kwam daar uit een bruin fwart geçierd Uiltje met
fwarte oogen; haar vlugt was 's avonds.
     Onder ter regterhand vertoond zig een Kars, aan welkers blad wyd een klein lang geelagtig
groen Rupsje, hebbende voor zes klaauwtjes, en agter twee voetjes; met deze groene Karffebla-
deren heb ik ze gevoed tot in 't laatft van Juli, wanneer ze een wit gefpin maakte, en veranderde in een bruin Popje, na veertien dagen kwam daar een Uiltje uit, welkers onderfte vlerkjes bruin,
en de bovenfte en het lyf ligt groen met witte plekjes en bruine ftipjes geçierd waren, 't was fnel
van vlugt over dag.   Dit Bloemgewas heb ik tot plaifier voor de Liefhebbers hier by gevoegt.

Deze Plant brengt uit het punt van zyn knobbelagtige wortel voort eenige byna ronde en breede bladeren, alleen aan eene fteel, van een donker bruine koleur, van boven gemarmert en van beneden purperagtig. Haare bloemen zyn van een purpere koleur, van een goede reuk, gedragen op lange tedere fteeltjes. Zy zyn aan haar benedenfte gedeelte gefneden op de wyze als een bloempot, en het bovenfte gedeelte van deze bloem- pot is in vyf gedeeltes ingekorven. Op haar volgt een kloots- wyze en vleesagtige Vrugt, dewelke zig opent in verfcheide gedeeltens, en in zig begrypt eenige ongeregelde zaden. Haar wortel is rond of bolrond, van buiten van een donkere koleur, van binnen wit, en aan haar benedenfte gedeelte voorzien met eenige kleine fwartagtige vezelen.

c

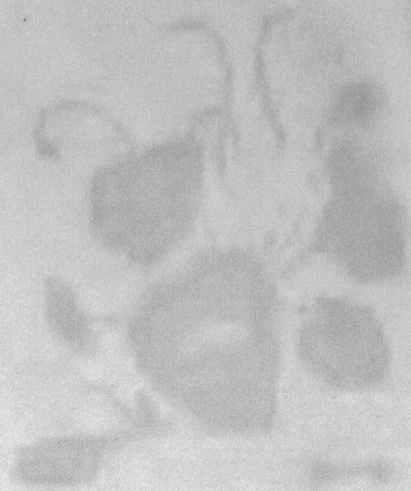

XCIX.

Hazen Lattauw. *Sonchus lævis.*

OP dit groen geneert zig een Rups, welker bovenlyf asgraauw, langs heen bruin geftreept, na
beneden wit geplekt, en van onderen vleeskoleur was; in 't einde van Juli veranderde ze in
een ligt bruine Pop, in deze geftalte bleef ze leggen tot des volgenden jaars in Juni, wanneer een
geelagtig groen fwart geçierd Uiltje daar uit te voorfchyn kwam, zynde rad van vlugt, dog maar
's avonds.

Deze Plant is dezelve, dewelke Cafparus Bauhinus *Sonchus lævis, laciniatus, latifolius,* Johannes Bauhinus *Sonchus minus laciniofus, mitior five minus fpinofus,* en Dodonæus *Sonchus lævis* noemen. Zy heeft een kleine gevezelde en witte wortel: haar ftam groeit een elle hoog, hol van binnen, teeder, van een purpere koleur, haare bladeren zyn lang, glad, byna groen, ingekorven als die van een Leeuwen Tand, tandswyze by beurtwiffelinge gefchaart, eenige vaftgehegt aan lange fteelen, de andere zonder fteel, en omvattende de ftam ontrent haar benedenfte voet, dewelke breeder is als het overige van het blad. Haare bloemen komen voort op de topenden van de takken by wyze van Ruikertjes, als halve geele loofwerkjes, veel kleinder als die van de tand van de Leeuw. Wanneer deze bloemen verdweenen zyn, zoo word haar kelk een Vrugt geformeert als een Kegel, dewelke in zig bevat eenige kleine langwerpige zaden, ieder voorzien met een kuyfje.

C.

Gemeene Diftel. *Carduus vulgaris florens.*

BOven aan de fteel dezer Bloem zit een korte dikke Worm of Rups, dit Gewas is wel niet haare
fpyze, maar ze bedienen zig van zulke kleine diertjes, die zig veel op deze Diftel onthouden;
ik heb bevonden dat ze in Juli veranderden in bruine Tonnetjes, gelyk zulk een open zynde op een
groen blad vertoont word, na tien dagen kwam daar een geele Vlieg uit, hebbende roode oogen,
agter de kop een groene plek, en 't lyf met fwarte ftreepen geçierd, de vlerken zynde doorzigtig,
ieder met een fwart rond plekje geteekent.

Onder ter regterhand leid een Worm, zynde 't lyf van koleur gelyk een Kaasmade, de oogen en
't achterfte lit bruin, deze, als ook zulke bruine Tonnetjes, heb ik in Februari gevonden in een
ftuk rottig Berkenhout, uit deze Tonnetjes kwamen in Mai een foort van fwarte geel geftreepte Wespen te voorfchyn, hebbende vier doorzigtige vlerken, fwarte hoorntjes en geele pooten.

Nog leid onder ter linkerhand een kleine Worm, meede van koleur als een Made, welke ik van
gelyken in verrot hout gevonden heb, ze veranderen in bruine Tonnetjes, waar uit ook in Mai
zulke bruine Torretjes kwamen, gelyk bezeiden de Worm verbeeld is.

Deze Plant brengt voort een ftam van vier of vyf voeten hoog, bekleed met een foort van wit katoen, zynde zeer netelig. Haar bladeren zyn breed, bogtig, doornagtig, overtrokken als met een wit katoen, beurtswyze gefchaart. Haare uiterfte topenden zyn verçiert met ruwe hoofden, dewelke eenige Ruikertjes als lofwerken onderfchragen, dewelke van boven uitgeftrekt en ingekorven zyn als fnoertjes. Als deze gelofwerkte Ruikertjes verdweenen zyn, zoo volgen daar op eenige korrels voorzien van een kuifje. Haar wortel is teeder, wit en zoetagtig.

N 2

C I.

OP deze Lauwerkrans heb ik de verandering van de Mieren geftelt, zoo als dezelve zich in een langwerpig rond ey infpinnen, welke eyeren men aan de Canaryvogels te eeten geeft. Wanneer de eyeren ryp zyn, zoo komen 'er kleine en groote Vliegen uit, die ik in groote meenigte heb zien uitkomen, gelyk op de Lauwerkrans te zien is. Den vyf en twintigfte Juli 1694. bequam ik een ganfch Neft van deze Diertjes, beftaande uit veele duizenden, zoo groote als kleine, van alderhande foorten, zonder en met vleugels, ook zoodanige, die eerft uit haare eyeren kroopen, wanneer ze 't wys wierden van te konnen vliegen: waar uit ik genoegfaam zien konde, dat ze veranderen als de Rupfen. Ik heb ze derhalven hier ter neer geftelt, om met Salomon haare deugden na te fpeuren.

Hier by heb ik op een klein groen Malva blad geplaaft den Koning der Mieren, zoo als ze in Ooftindien genoemt word: wiens achterfte gedeelte van 't lyf gelyk een groote weeke witachtige Worm is.

C I I.

Jerufalems-Bloem.　　　　　　　　　　　　*Flos Hierofolymitanus.*

VAn de Rupfen op deze Bloem heb ik 'er vyftien gehad, en ze met deeze Bloemen gevoed. Maar wanneer ik haar eens vergeeten had eeren te geeven, hebben ze malkanderen opgegeten, tot op drie die overbleeven; deeze wierden den achtfte September tot Popperjes, en 't volgende jaar in de maand van Mai kwamen 'er foodanige graauwe Liltjes uit, gelyk hier te fien zyn.

De *Flos Hierofolymitanus*, by andere genoemt *creticus* of *creceus*, is dezelve Plant, dewelke Johannes Bauhinus en Rai genoemt hebben *Flos Conftantinopolitanus miniatus*, *albus & varius*, en Cafparus Bauhinus, Pit. Tournefort en na haar de Heer Boerhaave *Lychnis Hirfuta*, *flore coccineo major*. Daar komen uit haar wortel voort verfcheide ftammen van drie voeten hoog, dun, hol, gehairt. Haare bladeren zyn langwerpig, redelyk breed, fpits toeloopende, omvattende haar ftam by de voet, hairagtig, ruuw, en van een donker groene koleur: de bloemen zyn gefchikt als de Zonnefchermen, ieder van haare bloemen zyn te famen geftelt uit verfcheide blaadjes, die gefchakeert zyn als een Nagelbloem, de meeften tyd tot meer als over de helft voorzien met twee of drie punten, dewelke gevoegt by die van de andere bladeren, een kroon formeeren. Wanneer deze bloem verwelkt is, zoo komt in haar plaats een kleine groene Vrugt, gehairt, van een hegelagtige gedaante, dewelke in haar bevat een groote meenigte van zaden, byna rond en ros. Haare wortelen zyn lang, dun, verdeelt, en een weinig fcherp van fmaak.

CI.

Fourmi dessinée avec le Microscope.

CII.

CIII.

CIV.

C I I I.

Nachtschade.   *Solanum vel Solatrum.*

DIt Kruid is de spyse van het groene Rupsje, dat by de Bessen kruipt; het wierd den tienden
Juni tot een Poppetje, en den vyf en twintigsten dito kwam 'er een hout-koleurd Kapelletje
uit, dat heel snel konde vliegen.

Hier tegen over is een swart Rupsje, dat op de steel kruipt; wanneer dit zyne huid afgestroopt
had, wierd het groen: ik spysde het eerst met witte Vlier, maar bekwam daar door geene verandering; eindelyk gaf ik het dit Kruid te eeten, en wanneer het zich een wit gespin gemaakt hadde,
bekwam ik zulke geele Vliegen daar uit, gelyk hier alles by malkanderen te zien is.

Deze is dezelve Plant, dewelke Casparus Bauhinus noemt *Solanum Officinarum, acinis nigricantibus,* en Parkinson *Solanum vulgare.* Cordus en Johannes Bauhinus hebben de bloem van deze Plant aangezien voor een bloem met vyf blaadjes, maar de Heer Tournefort meend dat ze maar uit een enkeld stuk bestaat. Men gelooft gemeenlyk dat het zaad van de Nagtschade, die een swarte vrugt voortbrengt, brengt ook voort die geene, die een roode en geele vrugt hebben, dog de ondervinding doet ons het tegendeel bevinden. De Nagtschade, die hier verbeelt word, bragt voort een stam van ontrent een voet of anderhalf hoog, ter dikte van drie linien, groenagtig, vol van een mergagtig sap, wrang en hoekagtig, gemeenlyk verdeelt in verschei-de takken over de negen duimen lang, aan haare zyden uitge-breid en somtyds na beneden gebogen, voorzien met bladeren, die beurtswyze geschikt zyn, dewelke beginnende met een steeltje van ontrent een half duim lang, zig verwyden tot an-derhalf duim toe over de langte van twee duimen. Zy zyn spits, veel eer gevlamt als uitgegroeft, donker bruin, glinste-rende en glad. Het zuiltje verlangt zig na de wyze van een rib, waar van de zenuwagtige draadjes zig krommen, en eindi-gen op de uiterste randen van de bladeren, die gene, die op de verdeeling der takken zyn, zyn tot haar toppunt al kleinder, ronder en spitser toelopende, waar van de vezelen hoekjes heb-ben, dewelke gespitst in twee of drie draadjes eindigen op de randen van de bladeren. De bloemen spruiten gemeenlyk niet voort uit de holligheden van de bladeren, gelyk als in 't meeste gedeelte der andere Planten, maar uit de takken zelfs een weinig

beneden de bladeren. Deze bloemen komen van vyf tot agt in 't getal voort, op een ruiker van anderhalf duim lang, waar van de zuiltjes zyn dun en lang, met vier of vyf linien. Yder bloem is wit, hebbende een enkelde zuil, gesneden als een bekken, van de middellyn is hy breed drie linien en een half, doorgeboort tot op de grond toe, alwaar ze geheel geel is, en gelyk als eindigende op de wyze als een ring, verdeeld tot aan de midden toe in vyf deelen, lang, puntig en geschikt als een star. Na de zyden van de grond van de bloem verheffen zig eenige zeer korte vezelen, waar van yder beladen is met een geele, smalle stofagtige top, hebbende de langte van anderhalf linie. Alle deze topenden zyn by malkander te samen gevoegt en verbergen de bodem van het zuiltje, waar van het benedenste byna rond, bleekgroen, schietende in de middellyn van de bloem ende inge-plant in de bodem van de kelk. Deze kelk is een kleine groen-agtige tregter en gesneden in vyf stompe punten. Als de bloem verwelkt is, zoo word het onderste van het zuiltje een kloots-wyze vrugt, redelyk hard, terstond olyfgroen, daar na swart, is wegens zyn middellyn ontrent dik vier linien, vol van een genoegsaam heider sap en van verscheide witagtige zaden, ter langte van een koortje, gerond, plat, geboort met weinig groenagtig vlees, 't geen men ligtelyk daar van affcheid, ringswyze geschikt rondom de hoek, die in 't midden van de vrugt is, en die aan alle deze korrels het voedsel mede deeld. De wor-tel is een half voet lang, by den hals of by de kraag drie of vier linien dik, gevlamt, vezelagtig, hairagtig en witagtig.

C I V.

Sigmaarts-Kruid.   *Alcæa.*

DIt Kruid is de eigentlyke spyze van deeze groene Rupsen; ik heb ze daar meede in 't leven be-
houden tot in de maand Augusti, wanneer ze tot bruine Poppen wierden, en des volgenden
jaars den een en twintigsten Mai kwam 'er het eerste Uiltje uit.

Deze Plant verschilt niet van de Maluwe, andersints Keesjes Kruid, nog van de witte Maluwe, als hier in, dat haare bla-deren zeer diep ingesneden zyn. Daar van zyn verscheide soor-ten. Deze, die Casparus Bauhinus *Alcæa vulgaris major, flore ex rubro Roseo* noemt, brengt verscheide stammen voort van an-derhalf of twee voeten hoog, rond, mergagtig en hairagtig. Haare bladeren klimmen om hoog, zynde vastgehegt aan lange steelen, gehairt als die van de Maluwe, dog veel grooter, en

zeer diep besneden in vyf of zes gedeeltens, hairagtig en donker groen. Haare bloemen zyn schoon, van een purper of lyl-ko-leur. Haare zaden gelyken na die van de Maluwe, en aanrypende worden zy swart. Haar wortel is een vinger lang. De beschry-vinge die Lobel en Dodonæus van de gedante van deze Plant doen, is niet goed: men moet zig houden aan die van Taber-nemontanus.

O

C V.

Cardinaals Bloem.   *Flos Cardinalis.*

Diergelyke bruine Rupfen heb ik tot Amfterdam op zulke Bloemen gevonden, waar mede ik
ze ook gevoed heb tot op den achtfte September 1695. wanneer ze tot Popjes wierden; en des
volgenden jaars den vyf en twintigfte Juni, kwamen 'er diergelyke Kapellen uit, gelyk alles hier in
Print vertoont word.

Deze Plant is, volgens het gevoelen van de Heer Rai dezelve als de *Rapunculus galeatus Virginianus, flore violaceo minore* van Morifon, en de *Flos Cardinalis caruleus* van Dodart. Zy brengt verfcheide ftammen voort van anderhalf voet hoog, hairagtig, dun, hoekagtig en ingegroeft. Haare bladeren zyn langs de fmalle ftammen beurtswyze gefchaart, zynde fpits, zonder fteel, doordrongen van een melkagtig fap. Haare bloemen komen voort uit de topenden van de takken op de lootjes. Vaft gehegt aan eenige lange zuiltjes. Yder van deze bloemen is volgens het gevoele van de Heer Tournefort een verwyderde klok en op de randen gemeenlyk gefneden in vyf gedeeltens, van een purpere of blaauwe koleur, fomtyds wit, fteunende op een kelk, geklooft in vyf ftukken. Na dat deze bloem verdwenen is, zoo volgt daar op een vliefagtige vrugt, verdeelt in drie kamertjes, die eenige dunne en glinfterende zaden in zig bevatten, haare wortels zyn lang en dik gelyk als de agterfte vinger, en wit.

C V I.

Wilde Wyngaard.   *Labrufca.*

Het kleine op de roode Beffen zittende Beesje heeft alleen het fap van deze bladeren boven afgegeten. Den negende Juni heeft het zyne koleur gantfch verandert, gelyk op de fteel daar naaft te zien is. Den feventiende dito is het tot een Popje geworden; den negen en twintigfte dito heeft het eene lichtere koleur, als mede eene andere gedaante gekreegen, en den fevende Juli is een zoodanig Oranje koleurt Torretje daar uit geworden, gelyk onder aan te zien is.

Men noemt ook deze Plant *Vitis fylveftris*, zy brengt een bogtige ftam voort, dewelke verfcheide lange ranken uitfchiet, voorzien met omflingerende fteeltjes. Deze Wyngaart ranken kruipen en hegten zig vaft aan de naafte boomen: haare bladeren zyn groot, breed, byna rond, zeer diep ingefneden: haare bloemen zyn klein, geformeert als een Tros, en gemeenlyk te famengeftelt uit vyf fteeltjes met blaadjes omzet, gefchaart als een Roos, hebbende vyf vefelagtige uitfpruitfels. Het eiernest, 't geen uit de bodem van de bloem voortkomt, verfchiet met een korte en hairagtige buis, word een fagte Bes, vervult met fap, die gemeenlyk in zig bevat vier zaden. Wannéer deze vrugt rypt, word ze fwart, maar fomtyds en word ze niet ryp.

CV.

CVI.

CVII.

CVIII.

C V I I.

Slee-boom of Wilde Pruime-boom.   *Spinus vel Prunus Sylvestris.*

VAn deeze Rupfen vond ik 'er veele by malkanderen die zeer klein waren , op een hegge van
Slee-boomen, alwaar ze een groot gefpin gemaakt hadden.   Des avonds ten feven uuren ver-
gaderden zy alle by een, en kroopen zoo digt by malkanderen, dat men het voor een rond lapje
fwart Fluweel zoude hebben aangezien. Ik fneed den gantfchen tak met alle bladeren en 't gefpin
te famen af, en liet my dagelyks diergelyke groene takjes brengen, die ik in verfch waater ftelde, om
ze dagelyks te obferveeren.   Des morgens ten negen uuren liepen ze alle tot hunne fpyze, en vervolgens gezamentlyk aan haaren arbeid, die daar in beftond, om een huis voor zich te bouwen. Zy
fponnen dan het eene vertrek boven het andere, en lieten tuffchen beide een vinger breed plaats, en
van vooren eene opening, die foo groot was als de Rups noodig hadde, haar volkome groote hebbende, om daar in te kunnen woonen.   Wanneer de Zon heet begon te fchynen, kroopen zy alle
in haare wooning, en bleeven daar in tot dat de grootfte hitte over was.   Dit deden zy alle dagen,
tot op den vier en twintigften Juni, wanneer ze begonnen zich in ovaal ronde eieren te fpinnen,
waar in ze leggen bleeven tot op het andere jaar den fevenden Maart , als wanneer de Uiltjes voor
den dag kwamen.

C V I I I.

Winter-Roofen of Maluwe.   *Malva.*

HEt kleine groene en met witte ftreepjes verçierde Rupsje heeft deze fpys genooten tot op den
eerften Juli, wanneer het tot een Popje wierd. Het was zeer gaauw in 't loopen; den een
en twintigfte dito kwamen 'er zulke geele Kapelletjes uit. De groote Rups heeft mede de gemelde
bloemen gegeeten; hy lag heel veel ftil; maar wanneer hem maar 't kleinfte Diertje aanraakte,
floeg hy om zich als of hy toornig was. Den derden Juli heeft hy de bladeren famen getrokken en
zich daar in tot ruft begeven; den agtiende Juni wierd hy tot een Popje en den feftiende Auguftus
kwam 'er een fulk witagtig onruftig Uiltjen uit.

C I X.

Akelei-bloem.   *Aquilegia vel Aquilina.*

HEt groene Rupsje gebruikte deeze Bloemen tot zyne spyze; den eersten Augusti hebben zich eenige in geele eieren gesponnen, en den agtiende dito kwamen 'er zulke swarte Vliegen uit, gelyk alles aan de eene zyde van de Bloem te zien is.

Het bruin en witte Beesje met zes pooten, heeft tot zyne spyze Luisjes gebruikt. Den tweede van Juni heeft het zich tot een rond wit ey gesponnen, en den twee en twintigste dito kwamen 'er zulke lichtgroene vliegende Beesjes uit, gelyk 'er hier boven een op het zaat te zien is.

Deze Plant heeft breede en stompe bladeren, zynde rondom ingekorven en zeegroen van koleur, gelykende na die van het Tyckruid. Zy brengt verscheide dunne takken voort, dragende op den top van yder tak een nederwaarts hangende bloem, te samen gestelt uit tweederlei soorten van steelen, waar van vyf plat en vyf hol zyn, gelykende na een hoorntje, by beurtwisseling doormengt met een roode koleur. Wanneer deze bloem verdwenen is komt 'er een vrugt te voorschyn, te samengestelt uit verscheide vliesagtige korrels, geschikt als een hoost, en vervult van dunne, eironde, platte, swarte en blinkende zaden. Haar wortel is dikker als een duim, voorzien met vezelen, en wit. Columna en Gesalpinus hebben het samengestel van de bloem van deze Plant zoo wel niet gekent als Dodonæus; want deze twee Schryvers spreeken niet als van de hoorntjes die haar te samenstellen: en Dodonæus beschryft, behalven de hoorntjes, ook de platte bladeren, die beurtswyse tusschen de hoorntjes geplaatst zyn.

C X.

Dove Netelen.   *Lamium vel Galeopsis florens.*

ZOdanige groene Rupsjes, waar van 'er een op het groene blad kruipt, hebben dit Kruid tot hunne spyse genuttigt tot in de maand Augusti, als wanneer ze zich in witte eieren insponnen, zoo als 'er een onder op de steel legt. Des anderen jaars, in Mai, zyn 'er zoodanige Vliegen uitgekomen, gelyk 'er een boven de Rups gezien word.

Het heele kleine Rupsje was geel van koleur, en verçiert met roode streepjes: het gebruikte het zelve Kruid tot zyne spyze. In 't begin van Juli heeft het zich tot een wit ei ingesponnen, en op den laatsten dito kwam 'er dit kleine Kapelletje uit, gelyk op de bovenste bloemen alles by malkanderen gezien word.

CIX.

CX.

CXI.

CXII

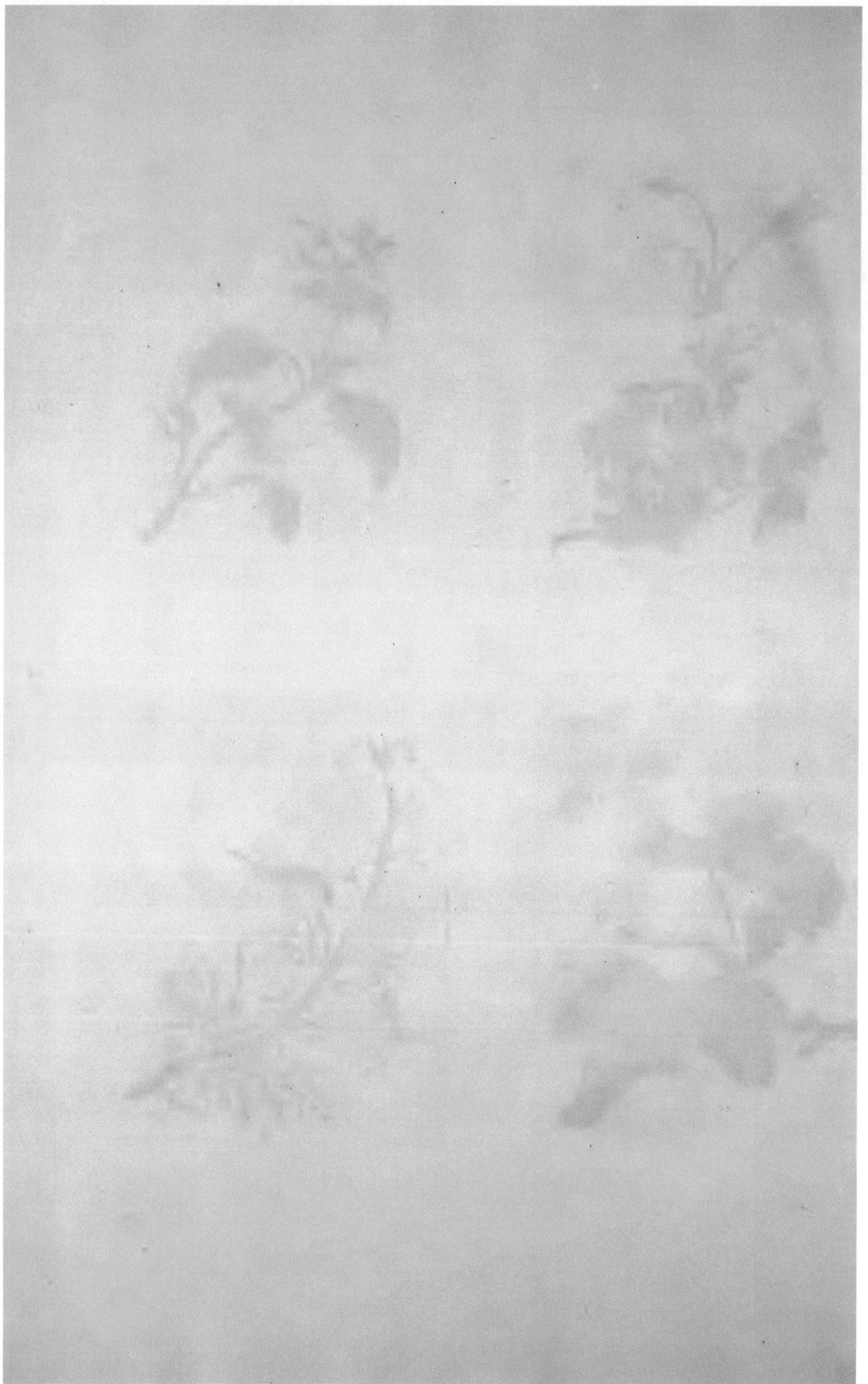

C X I.

Vygenboom. *Ficus.*

DEeze bruine Rupſen heb ik met Vygebladeren gevoed tot in de maand Auguſti, wanneer ze zich in Popjes veranderden, en in de maand September kwamen 'er zulke bruine Uiltjes uit.

Deeze is een boom van een middelmatige groote, haar ſtam is kort en kromagtig, uitgeſtrekt in de breedte en takagtig: haar baſt is effen en glad, dog een weinig ruuw, asgraauw van koleur: haar hout is wit en byna overal van binnen mergagtig, en ſponſagtig als die van de Wyngaart, ſlymagtig en bequaam om 'er ſchilden van te maaken. Het beſluit in zig een ſamentrekkende melk, van een bittere en ſcherpe ſmaak, dewelke zeer ligtelyk door aanrakinge te voorſchyn komt. De bladeren van haar zyn breed, ruuw en donker groen, dik, ingeſneden in vyf deelen of hoeken, even als die van de Wyngaart bladeren, dog ondertuſſchen veel grooter, ruuwer, harder en ſwartagtiger, zynde haar ſteel rond en ſterk, dewelke, als men die breekt, een melkagtige ſtof van haar uitwerpt: in haar holligheden groeyen eenige vrugten, een aan een, op de wyze als een Peer of Tol, in dewelke de Natuur op een geeſtige wyze de bloemen daar in heeft beſloten, gelyk Valerius Cordus als de eerſte het heeft aangemerkt: en deze bloemen beſtaan uit een ſtuk, dun, hol als een lepel, en lopende ſpits toe als een naald, wit of roodagtig. Zy zyn yder te ſamen gevoegt met een zuiltje of een ontwerp van zaad. Wat belangt haare vrugten, die zyn groenagtig of paarsagtig. Haare wortels zyn menigvuldig, lang, vaſt, beſwaarlyk om ze uit te rukken of te breeken, omringt met vezelen, geel van koleur, niet zeer diep in de grond, 't welk de oorzaak is dat ze de koude niet wel kunnen uitſtaan.

C X I I.

Ridderſpooren. *Conſolida Regalis.*

DEeze Bloemen zyn de ſpyze van deeze groene en witte Rupſen, welke zich den negen en twintigſten Juni tot Poppetjes verandert hebben, den vyftienden Juli kwam 'er uit het eene een zulke groote Vlieg, die zich in het Popje tot een bruin ey gemaakt hadde, en den twintigſte dito kwam 'er zulken bruinen Uiltjen uit.

Voor dezen is van zodanige verandering verſcheidentlyk geſprooken, wat het doch eigentlyk mochte zyn, dat 'er zoo groot een onderſcheid tuſſchen de Vlieg en het Uiltje is, en dat het niet wel weſen konde, dat het eene van het mannelyke en het andere van het vrouwelyke Geſlacht zoude zyn; maar eenige jaaren geleeden heb ik gezien, dat zich Vliegen op zulke Rupſen geſet hebben, en daar op lang zyn blyven zitten, ook haar zaat in de Rups, tuſſchen haare leeden hebben ingeſchoten; en terwylen zy het vleeſch van de Rups tot ſpys gebruikten, hebben zy zich daar in tot een bruin ey verandert, waar uit eindelyk een zoodanige Vlieg voortgekomen is.

P

CXIII.

Katte-kruid.   *Mentha felina vel Nepeta.*

A°. 1689. den vier en twintigfte Juni, heeft zich deeze groene Rups, na dat hy van dit Kruid gefpyft was, tot een fchoon Popje verandert, na dat hy veertien dagen ftil geleegen hadde; en
den vyfde September is het tot een Uiltje geworden.

De *Hortus Euftetenfis* noemt deze Plant *Mentha felina*, *Nepeta Tragi*, *Herba Felis & Cataria*, Cafparus Bauhinus *Mentha*, *Cataria vulgaris & major*, Dodonæus *Cataria herba*, en de Heeren Tournefort en Boerhaave *Cataria major vulgaris*. Deze Plant heeft een ftam, die ontrent tot de hoogte van drie voeten op-klimt, vierkantig, gehairt en tackagtig. Haare bladeren zyn ook gehairt, witagtig vaftgehegt aan lange ftaerten, gelyken-de na de bladeren van de groote Brantnetel of na de Meliffe, aan haare randen ingekartelt, fpits, wolagtig, fcherp van fmaak,
en fterker van reuk als die van de Kruiffemund. De bloemen waffen op de toppen van de ftammen en takken. Zy zyn als een helm, geel of witagtig van koleur, en weder by een ge-bragt als een Air. Yder van deze bloemen is een buis, van boven ingefneeden gelyk als twee lippen, en onderfteunt door een kelk, die gemaakt is op de wys als een hoorn. Haare zaden zyn ei-rond, haar wortel is houtagtig. De gedaante van deze Plant, zoo als ze Tragus verbeelt, is zeer wanftaltig.

CXIV.

Maankoppen of Slaap-kruid-bloem.   *Papaver florens.*

HEt bruine Wormtje boven op de knop, heeft de kleine Beesjes, die men Luisjes noemt, gegeeten tot op den fes en twintigfte Augufti, als wanneer het zich tot een zoodanig Poppetje gemaakt heeft; in de maand Juli zyn de andere zoo blyven leggen: eindelyk heb ik ze opgefneeden,
en daar in zulke Vliegen gevonden, gelyk 'er op het groene blad te zien is.

De fwarte en geele Rups heeft deze Bloemen tot haare fpys gebruikt, tot op den fes en twintigfte Augufti 1695. als wanneer ze tot een fwart Poppetje geworden is, en des volgends jaars den
negende Juni, kwam 'er een zoodanig Uiltje uit.

Deze Plant brengt voort een ftam van drie of vier voeten hoog, takagtig, voorzien met lange bladeren, breed, beurts-wyze gefchaart, gekartelt, gekrult en witagtig. Op den top van deze ftam waffen groote bloemen, verzelt met vier blade-ren, gefchikt na de wyze van een Roos, wit of wat trekkende na het purper, hebbende veel vezelen, onderfteunt door een kelk die twee bladeren heeft: maar deze bladeren van de kelk vallen gemeenlyk af na mate dat de bloem zig opent; wanneer de bloemen t'eenemaal verdweenen zyn, zoo volgt haar een
hooft, zynde langwerpig of eirond, dik als een hoenderei, ge-kroont met een Hoofdftuk, in 't begin groenagtig, naderhand wit wordende na mate dat ze rypt of droog word. Zy bevat in haar holligheid, die in zoo veel kamertjes, als 'er groeven aan de kroon zyn, verdeelt is, veel kleine zaden die rond fchynen te zyn, maar die de gedaante hebben van een kleine Nier, on-derfchraagt door eenige bladeren, die zig in haare langte t'eene-maal rondom uitbreiden.

CXIII.

CXIV.

CXV.

CXVI.

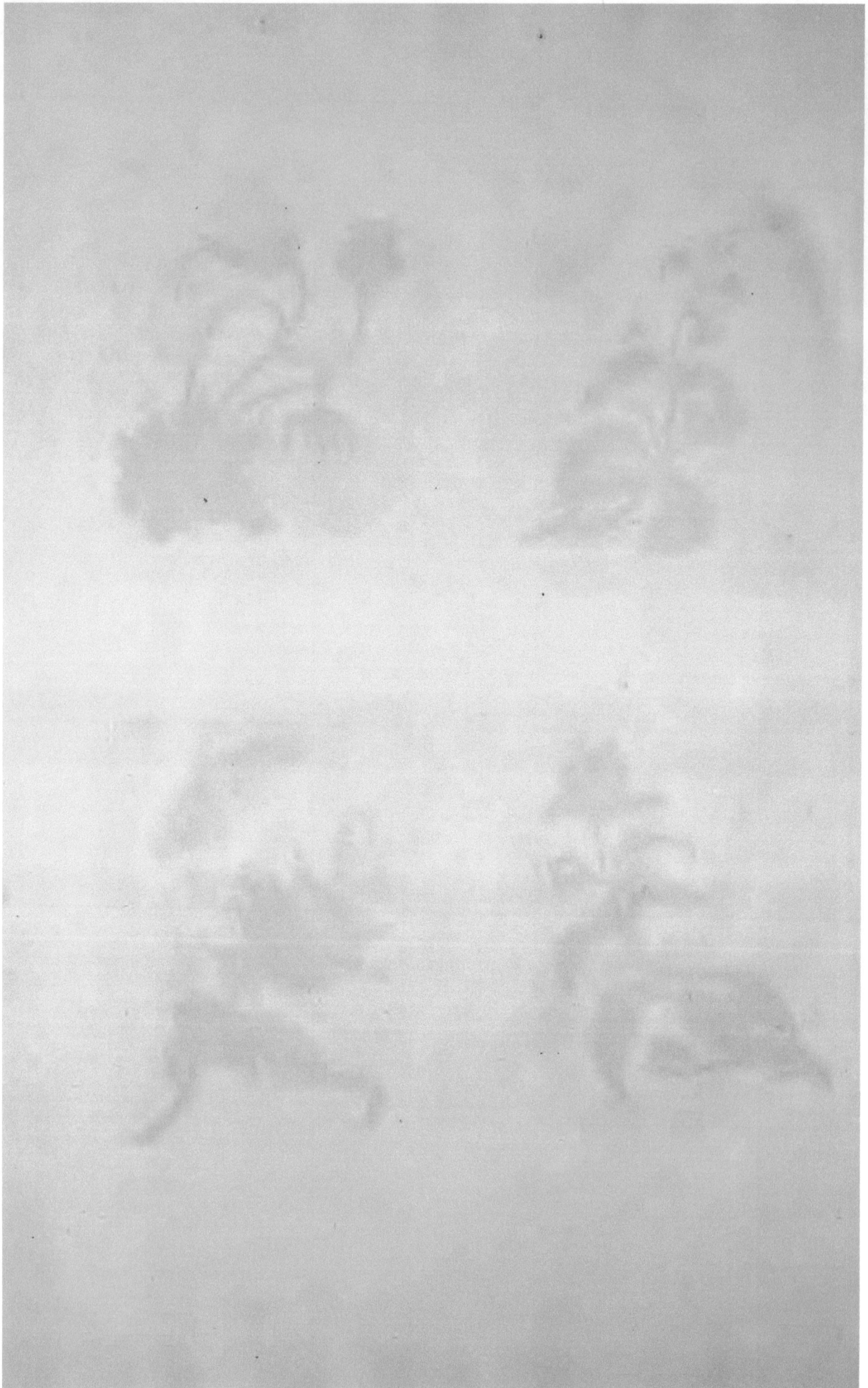

C X V.

Byenblad. *Meliſſa.*

A°. 1683. den vier en twintigſten Juni wierd my deeze houtkoleurde Rups gezonden tot *Schwal-bach* in Duitschland. Zy was zeer ſtil van aard. Den ſes en twintigſten dito ſpon zy zich in, en wierd een Popje, en den negende Juli kwam 'er een zoodanig geel Kapelletje uit.

Het onderſte Beesje op het benedenſte groene blad, gebruikt dit blad tot zyne ſpyze. Na dat het eenige reiſen zyne huid afgeſtroopt hadde, die het geſtadig by zich droeg, en ſomtyds met zyn achterlyf beefde, als of het benouwt was, veranderde het zich in een ſoodanige gedaante als daar tegen over te zien is, en wierd den vyf en twintigſte Juni 1689. ſoo hard als hout. Eindelyk kwam 'er in de maand Juli een ſoodanig groen Torretje uit.

Deeze Plant heeft haar vezelagtige, lange, ronde en houtagtige wortelen, een weinig ſcherp en bitter: haare ſtammen zyn anderhalf voet hoog, vierhoekig, gebogen als een kruis, hairagtig, hard, gemakkelyk om te breeken. Haare bladeren zyn ſwartagtig, ſpits, gelykende na die van het Kattekruit, aan haare randen gekarteld, ruuw in het aanraken, overtrokken met klein kort hair, van een aangename Citroene reuk, en van ſmaak een weinigje ſcherp. Zy zyn twee aan twee tegens elkanderen over geplaatſt. Daar komen uit de eene en de andere kant van haare holligheden eenige bloemen voort, dog die egter niet tot haar volkomen rondte geraken. Deze bloemen zyn grooter als een duim, zynde van agteren geformeert als een buis, en ope-

nen zig van voren, alwaar zy een geronde bovenlip hebben, in tween geklooft, om hoog verheven, wit, breeder als een ſnoer en doorzaait met ſagte haartjes, dog de onderſte lip is veel breeder en geklooft in drie deelen, waar van de middelſte veel grooter is als de twee anderen, die daar ter zyde ſtaan. Dit middelſte gedeelte heeft een purpere koleur met witte randen gelyk als gekrult. De kelk van haar is groot, hol, groen, hoekagtig en verdeelt in vyf puntige deelen: zy verwiſſelt in een baſt, lang een halve duim, waar in vier zaden, ter dikte van twee ſnoeren, bruin, tot haar volkomen rypte komen, formeerende aan d'eene zyde een hoek, dewelke elkanderen raken, en hebben aan de andere zyde een uitgebogentheid.

C X V I.

Onſer Vrouwen Diſtel. *Carduus Maria.*

SUlke Rupſen gebruikten deeſe Diſtelen tot haare ſpyſe, tot op den negentiende Juli, wanneer eene daar van in een Popje veranderde. De andere bleeven leggen, waar uit veele kleine Wormtjes kroopen, die zich tot kleine eiertjes inſponnen: ondertuſſchen ſpon de Rups meede al de kleine eiertjes rondom zich by malkanderen, dat 'er geene van konden afvallen. Dit geſpin zag 'er uit als Cattoen. Tien dagen daar aan kwamen 'er zulke kleine ſwarte Vliegen uit; zoo dat, buiten alle twyffel, de Vliegen haar zaat in de Rupſen gelegt hadden. Den ſevende Auguſti kwam 'er een ſulk ſchoon Kapelletje uit het Popje, 't welk de Liefhebbers een *Diſtelvink* noemen.

Deze is dezelve Plant, dewelke Caſparus Bauhinus *Carduus albis, maculis notatus, vulgaris* noemt, Johannes Bauhinus *Carduus Marianus ſive lacteis maculis notatus,* en Dodonæus *Carduus Leucographus.* De bladeren van deze Plant zyn lang, breed, doornagtig, getekent met witte vlekken als melk. Zy brengt voort een ſtam van drie of vier voeten hoog, een vinger dik, takagtig, dragende op haare toppen eenige hoofden, voorzien

met ſtyve en zeer puntige ſtekels. Yder van deze hoofden onderſteunt een ruiker van bloemwerk, van boven wyd uitgeſtrekt, ſnoerswyze ingeſneden en van een purpere koleur. Daar op volgen eenige korrels, gelykende na die van de *Carthamus.* Haar wortel is dik, lang, goed om te eeten. Matthiolus heeft de ware geſtalte van deze Plant niet getroffen.

C X V I I.

Melde.   *Atriplex.*

MEt dit Kruid heb ik deeze Rups gevoed tot op den tiende Augufti, wanneer fe zich tot een
fwart Popje veranderde; en den vier en twintigfte dito kwam 'er een rood Uiltje uit.

C X V I I I.

Hafelnoot.   *Avellana.*

DEn onderften groenen Worm heb ik op deeze Nooten gevonden, alwaar hy de kleine Diertjes
of Luisjes heeft gegeeten.   Den vier en twintigfte Mai veranderde hy zich in een bruin Pop-
jen, en den twintigfte Juni kwam 'er een zoodanig fwart Beesje uit, gelyk alles by malkanderen op
de Nooten te zien is.

Het bovenfte groene Rupsje heb ik den derde Mai meede op diergelyke Nooten gevonden.   De
bladeren daar aan zynde fponnen ze te faamen, woonden daar in, en liepen zeer vaardig daar in en
uit: wanneer men ze aanraakte, zoo lieten zy zich aan een draad neer; dit duurde tot den veertiende dito, wanneer ze tot Popjes wierden, en den vyf en twintigfte dito kwamen 'er zulke kleine
Kapelletjes uit, gelyk boven op te zien zyn.

Van diergelyke groene Rupfen, waar van 'er eene onder aan kruipt, heb ik 'er veel op deeze
Vruchten gevonden en met de bladeren daar van gevoed: tot op den agtienden Augufti, als wanneer zy een hard gefpin maakten, en daar in bleven leggen tot op den vyftiende April des volgenden
jaars, wanneer zodanige Vliegen daar uit voortkwamen, gelyk 'er een op de fteel te zien is.

Paulus Hermannus noemt deeze Plant in zyn *Hortus Academiæ*
Lugduno Batavus, *Corylus Byfantina altiffima & maxima*, en Cafparus Bauhinus *Avellana*, *peregrina*, *humilis*. Dit Boompje werpt
veel lange takken op, zynde buigfaam zonder quaften. Haar
hout is teeder en wit, haare bladeren gelyken na die van de
Elfeboom, dog grooter en meer gerimpelt, aan haare randen
ingekartelt, fpits en van een aangename reuk Haare bloemen
zyn fchillen met verfcheide bladeren, zynde geel en op malkanderen gefchikt fchulpswyze. Haare vrugten waffen op dezelve
tak, maar op eenige afgezonderde plaatfen. Zy zyn van een
eyronde of byna ronde gedaante, overtrokken met een harde en
houtagtige baft, die in zig bevat een Amandel byna rond, roodagtig en van een zeer goede fmaak. Zy zyn omwonden als in
een vliesagtige fcheede, en aan de kanten omboort als of het
Franjes waren.

CXVII.

CXVIII.

CXIX.

CXX.

C X I X.

Abrikoofe-boom.   *Armeniaca.*

VAn deeze çierlyke Rupfen heb ik 'er veel op deeze Vrugt gevonden, welkers bladeren zy tot
hunne fpyfe gebruikten tot op den agt en twintigften September 1691. tot Amfterdam, wanneer ze zich felfs infponnen en tot Popjes wierden. In het een groeide een Worm, die zich in een
fwarte Vlieg veranderde: en des anderen jaars in de maand April kwamen 'er uit de andere Popjes
zoodanige graauwe Uiltjes.

Deeze Boom gelykt na de Perfike Boom, maar haar ftam is
dikker, overtrokken met een fwarte baft: haare bladeren zyn
korter en breeder, gelykende na die van de Populierboom, zynde tantswyze gekartelt, fpits en van een fcherpagtige fmaak.
Haare bloemen zyn gemeenlyk aan vyf geblade fteeltjes, gefchikt
op de wyze als een Roos, byna gelyk als die van een Perfikke-
boom, van koleur als een bleeke Roos. Haar vrugt is vleesagtig, byna rond, ter dikte van een kleine Perfik, aan de eene
zyde roodagtig en aan de andere kant geelagtig. Haar vleefch
is zoet en lekker, en van een aangename reuk. Zy heeft van
binnen een platte fteen, beenagtig, in dewelke men vind een
Amandel die een weinig bitter is.

C X X.

Mater of Moeder-kruid.   *Parthenium.*

DEeze bruine Rupfen hebben dit Kruid gegeten tot op den tiende Juli, wanneer fe zich in Poppetjes veranderden, waar uit veertien dagen daar aan zulke bruine Uiltjes voortkwamen.

Deeze Plant is dezelve als de *Matricaria vulgaris fativa* van
Cafparus Bauhinus. Het gemeene Moederkruid heeft een witte en vezelagtige wortel, alwaar uit voortkomen verfcheide
ftammen van anderhalf el hoog, ftyf, ingegroeft en vervult
met een voos merg, zynde wit en verdeelt in verfcheide takken. Haare bladeren zyn groot, gefchikt op de wyze als vleugels, zynde by paaren tot aan derzelver zyde toe ingefneden, en
eer ingefneden op haare randen, van een verblikte groene koleur en van een fterke en bittere reuk. Haare bloemen komen
op de topenden van de takken als ruikertjes te voorfchyn, zynde ftraalswyze gefchikt of uitgeftrekt als ftraalen, geformeert
met een rondplatte geele fchyf en een fchubagtige kelk. Haare
zaden zyn langwerpig, ingegroeft, dun en zonder kuifje of ec-
nig ftoppelhair.

Q

C X X I.

Irias. *Iris hortenfis, latifolia.*

VAn deeze witachtige Rups heb ik 'er maar eene gehad, die tot zyne spyse blaauwe Irias gebruikte, en wanneer hy geene meer konde krygen, heeft hy het zaat daar van gegeten; op 't laatst is hy heel donker blaauwachtig geworden, en heeft den seventiende Juli 1689. zyne huid afgestroopt, die met een draadjen aan het Popje hangen bleef. Eindelyk is 'er den vyfde September een ligt Uiltje uit voortgekomen.

De groene Rups die op het blad kruipt, heb ik in de aarde vinden leggen by Irias wortelen. Den een en dartigste Maart 1698. is hy tot een Popje geworden, en in de volgende maand Juni is een zoodanig graauw Uiltje daar uit geworden.

C X X I I.

Braam-besien-struik. *Rubus.*

DE groene Rups die boven kruipt, heb ik met soodanige blaaden gevoed, die hy te samen gerolt hadde en waar in hy woonde, zonder daar uit te komen, als wanneer hy eeten wilde. Op 't laatste wierd hy bruin. Den een en twintigste Mai spon hy zich tusschen de bladeren in, en wierd aldaar tot een Popje, waar uit den twaalfde Juli een houtkoleurd Kapelletje voortkwam.

De onderste groenachtige bruine Rups heb ik ook met deeze bladeren gevoed, in de maand Juni des jaars 1683. tot *Langen Schwalbach.* Wanneer men haar aanraakte soo liet ze wat groen water van zich, rolde in 't ronde te samen en bleef lang zoo leggen. Zy was zeer stil van aard, soo dat ze gantsche uuren lang onbeweeglyk stil leggen bleef. Den veertiende Juni veranderde ze in een Popje, en den tweede Juli kwam 'er een soodanig schoon Uiltje uit, van koleur byna als de Rups, die boven op het bloeisel zit.

Dit Boompje schiet lange, teedre en hoekagtige takken, voorzien met zeer stekelagtige doornen. Haare bladeren zyn langwerpig, spits, tandswyze aan haare randen gekarteld, ruuw in het aanraken, van onderen witagtig en van boven swartagtig, van een samentrekkende smaak, zynde verscheide te samen gehegt op eene steel. Haar bloemen zyn klein, wit, te samen gestelt uit vyf blaadjes, geformeert als een Roos en ondersteunt door een kelk, ingesneden in vyf deelen. Na dat de bloem ver- welkt is komt 'er een ronde of ei-ronde vrugt te voorschyn, even als een kleine Moerbes, te samen gestelt uit verscheide bessen, vol van sap, leggende d'eene en d'andere digt op elkander, zynde wel rood in den beginne, dog al rypende worden zy swart. Zy hebben yder een zaad. De uitspruitsels van dit Boompje zyn hoekagtig, maar zyn niet vierkant, gelyk als Pena en Lobel ze beschreven hebben.

CXXI.

CXXII.

CXXIII.

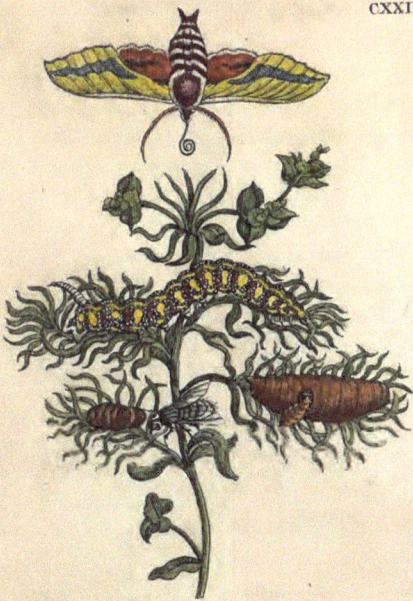

CXXIV.

C X X I I I.

Wolfsmelk. *Tithymalus.*

Diergelyke Rupfen, wanneer ze nog klein zyn, zyn geel en fwart, maar grooter wordende, worden ze rood; wanneer men ze aanraakt, zoo flaan ze met de kop heen en weer, als of ze toornig waaren. Van dit foort heb ik 'er veel tot Francfort gehad, maar zyn by my altyd bedorven, en niet als Vliegen daar uit voortgekomen. Zy hebben braaf van dit Kruid gegeten. Anno 1684. den agtiende Juni wierden 'er weer twee tot Popjes, en den negende Juli bekwam ik eindelyk dit fchoon Uiltje daar van, waar van 'er een nog den felven dag een groen ei leide.

De Wolfsmelk heeft een wortel die vry wat dikker is als de agterfte vinger, zynde houtagtig, vezelagtig en fomtyds bogtagtig en van een wrange, fcherpe en walgagtige fmaak. Haar ftammen zyn een elle hoog, en om hoog takagtig, alwaar de bladeren by boisjes voortkomen, even als die van Vlasgewaffen, en zagt, dog in 't vervolg komen 'er veel dunder en hairagtiger te voorfchyn, of gelyk eenige hairen. De bloemen komen byna als Zonnefchermen geheel boven op den top der takken, zynde geformeert uit een enkeld ftuk, verbeeldende een bellerje, groenagtig en verdeelt in vier deelen, die met een paffer fchynen afgerond te zyn. Haar zuiltje verwiffelt zig in een driehoekige vrugt met drie doosjes.

C X X I V.

Kamper-foely, of Capri folie. *Periclymenum.*

Van deeze fchoone groene Rups heb ik 'er tot Francfort veele gevonden op Hardreegel en Kamper-foely, waar meede zy haar geneerden. Den dertiende Augufti wierd 'er een tot een Popje, en des anderen jaars den vyfde Juni kwam 'er een foodanig fchoon Uiltje uit. De voorige die ik hadde zyn meeft in 't ruien of vervellen geftorven, of daar zyn zoodanige Vliegen uitgekomen. Tot Amfterdam heb ik ze met Kamperfoely gefpyft.

De bladeren van deze Plant zyn byna rond, glinfterende en by de takken te famengevoegt en als ingereegen. De bloemen zyn eenige verwyderde buisjes, op de wyze als een klok gefneden in verfcheide deelen. Deeze bloemen zyn geformeert als ftralen, waar van yder onderfteunt word door een kelk, gemaakt als een knoop, of de gedaante hebbende van een kleine Granaatappel. Na dat de bloem verdwenen is, zoo word haar kelk een zagte bes, die in zig bevat eenige platte zaden, byna eirond,

Q 2

C X X V.

Quee-bloeifel.   *Cotonea Flos.*

Den eerften Mai 1683. heb ik deeze Rups tot Francfort aan den Main op Queën gevonden, waar mede ik hem ook hebbe opgevoed. Hy was zeer onruftig, geftadig heen en weer lopende en at zeer weinig. Den vierde Mai maakte hy een graauw gefpin, en den vier en twintigfte dito kwam 'er een zoodanig graauw Uiltje uit.

Het kleine bruine Rupsje daar tegen over heeft mede deeze bladeren gegeten, heeft zich ook daar in gerolt en is aldaar op den fes en twintigfte Juni tot een Popje geworden, en den veertiende Juli is het graaûwe Kapelletje daar uit gekomen.

C X X V I.

Quee-bladeren.   *Cotonea folia.*

Soodanige bruine en geele Rupfen heb ik met Quee-bladeren gefpyft; zy hebben ook Pruimen en Roofenbladeren gegeeten tot op den agt en twintigfte Mai, wanneer de eene tot een Popje wierd, na dat hy zyne huid hadde afgeftroopt. Wanneer men deeze Rupfen aanraakte, zoo bleven ze zonder beweeging leggen; des volgenden jaars den vier en twintigfte Maart is een zoodanig houtkoleurt Uiltje daar uit voortgekomen: gelyk alles op de eene zyde te zien is.

De Rups daar tegen over ftaande heb ik met Sleeboom-bladeren en Quee-bladeren gevoed: maar hy at zeer weinig. Den laarften Mai is het tot een bruin Poppetje geworden, en den twintigfte Juni is zoo een graauw Kapelletje daar uit voort gekomen, gelyk 'er boven aan een vliegt.

CXXV.

CXXVI.

CXXVII.

CXXVIII.

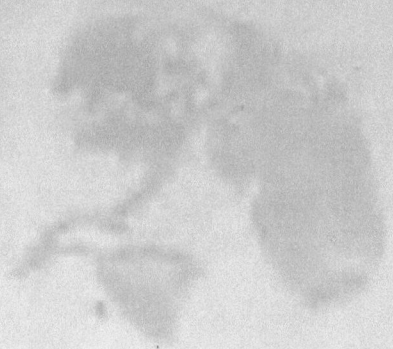

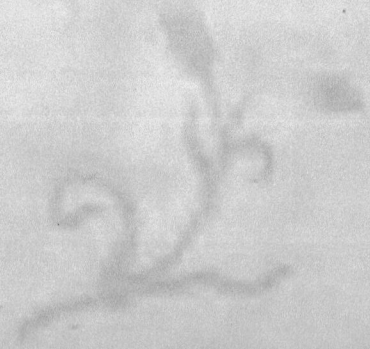

C X X V I I.

Gras-Angelieren.   *Flos Caryophillorum.*

OP deeze Bloemen vond ik diergelyke roodgeftreepte kleine Rupsjes, waar meede ik fe tot op den
twaalfde Mai tot Neurenburg gevoed heb: zy hebben zich toen in de Bloemen ingefponnen,
en zyn daar in tot Popjes verandert geworden, waar uit den fes en twintigfte dito zulke Okerkoleurde Torretjes kwamen, gelyk 'er op de Bloemen gezien word.

Tot Amfterdam wierd my een geel en fwart geftreepte Rups gebragt, gelyk 'er eene op het groene blad is: die zich aanftonds infpon, zoo dra als ik ze op den twee en twintigfte Juni gefchildert
hadde, en den twintigfte Juli daar aan volgende kwam 'er een zoodanig Uiltje uit.

C X X V I I I.

Indiaanfche Kors.   *Nafturtium Indicum.*

Diergelyke houtkoleurde Rupsjes heb ik met deeze Kors gevoed.   Den dertiende Juli wierden
eenige tot Popjes in de groene bladeren.   Den derde Juli kwam 'er 't eerfte Kapelletje uit,
waar op den fevende noch twee volgden, en den dertiende dito wederom een ander.

Pit. Tournefort noemt deeze Plant *Cardamindum minus &*
vulgare, Cafparus Bauhinus *Nafturtium Indicum majus*, Johannes
Bauhinus *Nafturtium Indicum folio peltato fcandens*, Dodonæus
Nafturtium Indicum, Paulus Herman *Viola Indica, fcandens*,
Nafturtii fapore & odore, flore flavo François Hernandez *Naftur-*
tium Peruinum en de Heer Boerhaave *Acriviola*: na Fred. Cæf.
is de ftam van deeze Plant lang, dun, takagtig, flingerende zig
rontom de ftokken die men daar nevens in de grond fterkt. Haar
bladeren zyn gemeenlyk geformeert als een navel, rond, fomtyds hoekagtig, naaft malkanderen geplaatft, groen, van boven effen en van onderen een weinig gehairt.   Haar bloemen
zyn fchoon, welriekende, yder van haar te famen geftelt uit
vyf bladeren, gelykende na die van de Viole-bloem: haar kelk
beftaat uit een enkeld ftuk, ingefneden in vyf deelen, na beneden eindigende met een lange fteel.   Als de bloem verwelkt is,
zoo fchynt ze een ronde vrugt, ruuw, gefronft, te famen geftelt uit drie doosjes, dewelke yder een byna rond zaat in zig
bevatten.

R

C X X I X.

St. Jans Bloemen of Koedille.   *Buphthalmum.*

Diergelyke geele en swarte Rupsen hebben deeze Bloemen gegeeten tot op den drie en twintigste Juli 1704. wanneer se zich insponnen en tot Popjes wierden. Des volgenden jaars den vier en twintigste Mai kwaamen 'er sulke roode en swarte Kappelletjes uit, gelyk hier te zien zyn.

Deeze Plant is dezelve, die Casparus Bauhinus *Buphthalmum, tanaceti minoris foliis* noemt, Johannes Bauhinus *Chamamelum, Chrysanthemum quorundam*, Clusius *Buphthalmum vulgare, Chrysanthemo congener.* Deeze Plant brengt verscheide stammen voort ter hoogte van anderhalf voet, dun, rondagtig en takagtig, Haare bladeren zyn gelyk als by paaren ingesneden tot aan de zyde toe, wolagtig, aan haare randen tandswyze gekarteld, gelykende na die van de kleine Taneer. Haare bloemen komen voort op de topenden van de takken zynde gestreept als die van de Ganzebloem, in haare langwerpige vlakte en in haar kroon gestreept: maar ze zyn grooter en geel van koleur: daar op volgen dunne en hoekagtige zaden, zynde haar wortel hard en houtagtig.

C X X X.

Speer-kruid.   *Phu, vulgo Valeriana.*

Dit Kruid is de spyze van deeze Rupsen. Den seventienden Juni hebben zy een wit gespin gemaakt en zyn daar in tot Rupsjes geworden, en den negen en twintigste dito kwaamen 'er zulke graauwe Uiltjes uit.

De kleine bruine Rups heeft zich ingesponnen den veertiende October 1704. en des volgenden jaars den vier en twintigste Mai is 'er een zoodanig bruin vliegend Kapelletje uitgekomen.

De Speerkruid; of anders genaamt *Phu*, met bladeren van de *Olusatrum*, van de *Pinax* van Casparus Bauhinus, heeft een wortel die zig in de dwarste verspreid, zynde een duim dik, gelyk als ringswyze geschubt, uiterlyk bruin, van binnen wit, vezelagtig, scherp en een van de allergeurigste. De stammen van dezelve zyn twee ellen hoog, hol en onderscheiden door verscheide knubbels of quasten. Haare bladeren groeyen twee aan twee vlak tegen elkander over, glad, van een donkergroene koleur, een span groot, van beide zyden zeer diep ingesneden als snippers: De bloemen vind men op de topenden van de Plant op elkanderen gehoopt: ze zyn van een enkeld stuk, wit, van een liefselyke reuk, van gedaante als een tregter, verdeelt in vyve, hebbende een kelk, die zig verwisselt in eenig langwerpig en plat zaad, ondersteunende een kuifje.

CXXIX.

CXXX.

CXXXI.

CXXXII.

C X X X I.

Aalbefien.   *Uva Urfina.*

TOt Amfterdam vond ik diergelyke graauwe en witte geftreepte Rupfen, welke de groene blade-ren van deeze Befien aaten, tot op den drie en twintigfte Juni 1706. wanneer ze tot Popjes wierden, en den vier en twintigfte Juli kwamen 'er zulke fchoone bruine en witte Kappelletjes uit.

Dit is het zelve Boompje, 't welk Cafparus Bauhinus *Vitis Idæa, foliis carnofis & veluti punctatis, five Idæa Radix Diofcoridi* noemt. Dit kleine Boompje is laag, gelykende na een Mirtus Boompje; maar haare bladeren zyn dikker, langwerpig, afge-rond, komende zeer na by die van de Palmboom, fmalder, ge-ftreepr aan beide zyden, zenuwagtig, van een wrange fmaak, daar by wat bitter. Hare bladeren zyn gehegt aan houtagtige takken, zynde een voet lang, overtrokken met een dunne baft, en ligtelyk om ze daar van af te fchillen: hare bloemen waffen by troffen op de topenden van de takken, geformeert als een belletje en root van koleur: wanneer ze verdweenen zyn, zoo volgen daar op byna eenige ronde beffen, zagt en rood, bevat-tende yder van dezelve vyf fteentjes, gemeenlyk gefchaart als de ribbe van een Meloen, rond op de rug en plat aan de ande-re kanten. Deeze beffen hebben een famentrekkende fmaak.

C X X X I I.

Moerelle Karffen.   *Cerafa Pliniana.*

OP deeze Boomen vond ik drie van zoodanige Rupfen, welkers bladeren zy tot hunne fpyze ge-bruikten tot op den negende Juni, wanneer ze zich tot de verandering begaaven: En als de eerfte tot een Popje wierd, heeft hem de andere opgegeten, tot dat 'er maar een overbleef, die den derde Juli tot een graauw Uiltje wierd.

R 2

C X X X I I I.

Bloeyende Hey.   *Erica florens.*

DIt Kruidjen waft op dorre Heiden, 't welke deeze Rupfen tot hunne fpyfe gebruiken. Zy hebben zich den vyftiende, feftiende en feventiende Augufti ingefponnen, en des anderen jaars den feftiende, feventiende en agtiende dito zyn 'er tweederlei zoodanige Uiltjes uitgekomen, namelyk Mannetjes en Wyfjes.

Het middelfte Rupsje, zynde fwart met Oranje vlakken, heeft meede het felfde kruid gegeeten, tot op den dertigfte Juni, wanneer het zich aan dit kruidje vaftfpon, en tot een fwart Popje wierd, en den fes en twintigften Juli is 'er een foodanig graauw geftreept Uiltje uitgekomen.

De fchoone geftreepte Rups heeft meede dit kruidje gegeeten, als meede *Millefolium* of Duizendblad; hy was zeer gaauw in 't loopen. Den twee en twintigften Juni heeft hy begonnen een zeer hard gefpin te maaken, waar in hy zich tot een Popje veranderde, en wanneer men het aanraakte, heeft het zich veelmaalen omgekeert, en is eindelyk gantfch verdroogt. Ik heb daar op het harde gefpin opgefneeden, en daar in gevonden zoo als hier te zien is. Dit heb ik in Duitfchland, als meede tot Amfterdam alfoo bevonden.

Deeze Plant brengt verfchcide ftammen voort van een voet of anderhalf hoog, zynde houtagtig, van een bruinroode koleur, takagtig, voorzien met kleine bladeren, hart, altyd groen en ruuw. Haare bloemen zyn kleine klokjes van een zeer fchoone purperagtige koleur, en fomtyds wit, en door kleine zuiltjes vaftgehegt langs de takken van het midden af na om hoog toe: van de grond van deeze bloemen komt voort een fteunfeltje, dat in 't vervolg een byna eyronde vrugt word, behelzende in zig eenige zeer dunne zaden, opgeflooten in vier kamertjes: haar wortel is zeer lang maar zeer ongemakkelyk om te breken. De befchryving die Mathiole van deeze Plant gedaan heeft, is beter als men ze by andere Schryvers vind. Clufius en Johannes Bauhinus hebben deeze Hcibloem aangemerkt voor een bloem met vier bladeren, alhoewel ze na 't gevoelen van de Heeren Tournefort en Boerhaave uit een enkeld ftuk beftaat.

C X X X I V.

Klaaver en Riet-Gras.   *Trifolium & Carex.*

DE aardkoleurde Worm op het Klaverblad, word van de Landlieden een Aardworm genoemt, en is zeer fchadelyk voor het Weiland, om dat hy de wortelen van het gras opeet. Hy heeft zich den negen en twintigfte Mai tot een Popje verandert, zoo als 'er een onder de Worm gezien word: en den vyf en twintigfte Juni wierd 'er een zoodanig Dier uit, gelyk 'er een op de bloem te zien is. Hy legt zyn zaat in de aarde, en zoo als de Landlieden zeggen, heeft hy wel drie jaaren noodig tot zyne verandering.

De fchoone geel en roode Rups, tegen over de bovengemelde Worm, heeft Riet-gras tot zyne fpyze gebruikt tot op den eerften Augufti, wanneer hy een wit gefpin maakte, waar in hy tot een fwart Popje wierd, en den vyftiende Augufti kwam 'er zoodanig een witagtig Uiltje uit, gelyk boven aan te zien is.

Deeze Plant brengt voort dunne ftammen, voor een gedeelte regt opgaande, en voor een gedeelte langs de grond kruipende, een weinig hairagtig. Haare bladeren zyn gehegt drie aan drie aan een fteel, dan eens rond, dan eens lang, fomtyds in het midden getekent met een witte of fwarte vlak, hebbende de gedaante van een Maan. Haar bloemen zyn gefchikt als een koornaar, zynde kort en dik en van een purpere koleur, van een liefelyke reuk, op dezelve een korrel, die de geftalte heeft van een nier. Haar wortel is lang, houtagtig, byna zoo dik als de agterfte vinger.

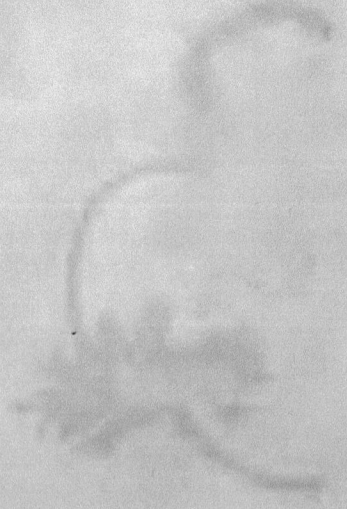

C X X X V.

Wintbloemen. *Anemone.*

Oodanige Bloemen heb ik by deeze Rupsen maar om 't welstaanshalven gevoegt; om dat 'er op 't voorgaande blad, Gras en Klaaver, die in 't Gras wast, te zien is. Deeze Rupsen hebben Riet-gras gegeeten tot op den agtste Juni, wanneer ze tot Popjes wierden, en den agt en twintigste Juli kwamen 'er zoodanige geele Uiltjes uit.

C X X X V I.

Juffertjes in 't Groen. *Nigella.*

IK heb deeze hier op de Bloem sittende Rups daar op geset, om dat ik haare spyze niet en wist; want zoo draa ik ze geschildert had, den agtste Juni 1705. heeft ze zich ingesponnen in een wit ey; den agt en twintigste dito is 'er een zoodanig Uiltje uitgekomen.

De onderste Worm die op de steel kruipt, gebruikt tot zyne spyze de kleine Luisjes die men op alderhande gewassen vind. Den ses en twintigste Juni veranderde hy, zoo als 'er een onder de Worm te zien is, en twaalf daagen daar na kwamen 'er zoodanige Torretjes uit.

Deeze Plant is dezelve, die Dodonæus *Melanthum sylvestre* noemt. Zy brengt voort stammen van een voet hoog, dun en ingegroeft: haare bladeren zyn als hairen, groen, en zyn geplaatst op de topenden van de groote takken, zynde de eene van de andere afgescheiden: yder van haar is te samen gesteld uit vyf bladeren, geschikt op de wyze als een Roos, bleek van koleur, in 't midden voorzien met veel vezeltjes, die omvlogten zyn door een kroon, bestaande uit kleine langwerpige lichamen. Na dat de bloemen zyn afgevallen zoo volgen daar op vliesagtige vrugten van een redelyke dikte, eindigende door verscheide kamertjes, dewelke in zig bevatten eenige hoekagtige zaden.

S

v

C XXXVII.

Willige-boom   *Salix.*

DEeze groote Rupfen hebben eenen ftinkenden reuk. Zy houden zich in de holle Willigeboo-
men op, eetende het binnenfte van dezelve; maar wanneer ze geene fpyze meer hebben, zoo
ecten ze malkanderen zelfs op: men kan ze ook in geen Doofen bewaaren, om dat ze alle hout-
werk doorbyten. Den twintigfte April fponnen zich eenige in, en den vierde Mai kwaamen 'er zodanige graauwe Uiltjes uit, gelyk hier vertoont worden, namentlyk een Mannetje en een Wyfje. Ik
bequam noch eenen anderen op den twintigfte September: deeze leide zich in de aarde tot in de
maand October zonder eenige fpyze te nuttigen, en wierd een Popje. Den feventiende Mai des
volgenden jaars quam 'er een zoodanig Uiltje uit, 't welk den eerften dag hondert agt en vyftig eyeren leide, en des anderen daags noch agt en feventig, wanneer zyn lyf dunder wierd, en den derden
dag ftierf het.

C XXXVIII.

Swarte bloejende Water-willigen.   *Salix niger aquaticus.*

DIergelyke groene geftippelde Rupfen heb ik 'er veele gevonden in Vriesland, op diergelyke
Willige en Abeele-boomen, welkers beide bladeren zy tot hunne fpyze gebruikten tot op
den agt en twintigfte Augufti, wanneer ze zich in fwarte Popjes veranderden, en des volgenden
jaars den veertiende April zyn 'er twee zoodanige Uiltjes uitgekomen, die aanftonds groene eyeren
leiden. Maar alle de andere Kapelletjes kwamen eerder uit, welkers vleugels zoodanig gerimpelt
waaren, dat men niet bekennen konde wat gedaante dat ze hadden.

CXXXVII.

CXXXVIII.

CXXXIX.

CXL.

C X X X I X:

Willigen.   *Salix.*

DEeze fchoone Rups heeft Willige tot zyne fpyze genuttigt tot op den twee en twintigfte Juni, wanneer hy in een Popje veranderde, het welke dagelyks bruinder wierd, zoo als den dauw op de blaauwe Pruimen. Den derden Augufti quam 'er een zoodanig fchoon graauw rood Uiltje uit.

C X L.

Willigen bloeifel.   *Salicis Flos.*

DEeze dubbeld gehoornde Rups heb ik van Leiden gekreegen, alwaar ze op Willigen gevonden is, waar mede ik ze ook gevoed heb. Wanneer zich maar het minfte ding beweegde, zoo trok hy zynen kop in, en hield zich een tyd lang heel ftil. Wanneer hy at foo hield hy zyne twee hoornen digt by malkanderen. Somtyds ftak hy uit deeze twee nog twee weeke roode hoorens uit, die alfoo lang waaren als de eerftgemelde harde hoorens: deeze beweegde hy van de eene tot de andere zyde, en dan haalde hy ze weer binnen dat men 'er niets meer van konde zien. Dit duurde tot op den fes en twintigfte Juli, wanneer hy zich infpon, en des volgenden jaars in April quam 'er dit Uiltje uit.

S 2

C X L I.

Feuille de Saule.   *Salicis Folium.*

DE bovenfte groene Rups gebruikte de Willige-bladeren tot fpyze: wanneer men hem aanraakte, foo rolde hy zich aanftonds in malkanderen en fpatte uit yder lid wat helder water, als of het met een fpuyt gedaan wierd; en dit foo dikwils als men hem aanraakte; den twintigfte Augufti heeft hy een groot gefpin gemaakt, en des volgenden jaars den vyf en twintigfte Juni quam 'er een foodanig geel en fwart Dier uit, gelyk 'er een by de Rups te fien is.

De tweede half geel en half groene Rups heeft ook deeze fpyze gebruikt, en daar mede heb ik ze in Vriesland gevoed. Anno 1690. den tiende Juli hebben ze zich na malkanderen in graauwe eyeren ingefponnen, en den eerften Augufti quamen 'er zulke geele Vliegen uit, gelyk 'er in 't midden gefien worden.

Wanneer deeze onderfte fwart en geel geftippelde Beesjes vallen, foo hebben fe moeite om weer op te ftaan, vermits zy op den rug vallen; haare fpyze beftaat in Waater-willigen. Den vyf en twintigfte Juni 1689. hebben ze zich tot geele eyeren ingefponnen, en den vyftiende Juli zyn 'er diergelyke Torretjes uitgekoomen.

C X L I I.

Feuille de Saule.   *Salicis Folium.*

DEeze geel en fwart gevlakte Rupfen hebben tot haare fpyze water-willigen gebruikt. Den feven en twintigfte Augufti 1689. hebben ze twaalf dagen lang geleegen, tot dat ze haare huid afftroopten en tot fchoone groene Popjes wierden, die binnen vier uuren bruin waaren: en den een en twintigfte Mai tot in de maand Juni, zyn deeze fchoone Uiltjes daar uit gekomen, welke groene eyertjes leiden.

Diergelyke donker graauwe Beesjes, gelyk 'er hier onder een met zyne verandering te zien is, heb ik den vierde Juni op Willigen gevonden, die ze tot haare fpyze nuttigden: zy aaten alleen het bovenfte fap van de bladeren, foo dat de bladeren in haar geheel bleeven. Den twaalde Juni hebben ze zich ergens aan een blad of fteel vaftgehegt en zyn alfoo verandert, tot dat 'er den vier en twintigfte Junj foodanige donker groene Torretjes uit voortquamen.

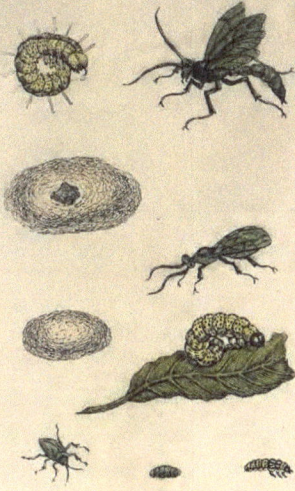

C X L I I I.

Roofen.   *Rofa.*

SOodanige Rupfen gebruiken Roofenbladeren tot haare fpyfe: wanneer ze zich in Juli infpinnen, zoo komen noch in de maand Augufti Uiltjes daar uit. Maar wanneer ze zich in Augufti infpinnen, foo blyven ze leggen tot het volgende jaar in Juli, en dan komen 'er de Uiltjes eerft uit. In fommige Popjes zyn ook Wormen gegroeit, die aanftonds tot bruine eyeren veranderden, en veertien daagen naar na quamen 'er zulke Vliegen uit.

C X L I V.

Roofen.   *Rofa.*

HEt bovenfte geele Rupsje heeft Roofen gegeeten tot op den veertiende Juli, wanneer het zich met de overige tot witte eyeren infpon, en den veertiende Augufti zyn 'er zulke Vliegen uitgekomen.

De onderfte groene Rups gebruikte ook Roofen tot haare fpys. Den twaalfde Mai hebben zich eenige daar van in de bladeren ingefponnen en wierden tot Popjes; waar uit den veertiende Juni fulke lichte Okerkoleurde Capelletjes voortquamen.

Van dit half groen en half Roofekoleurd Rupsje, dat op de knop kruipt, heb ik 'er veele gevonden, welkers bladeren zy tot haare fpyze gebruikten. Den vyfde Mai hebben zy haar koleur in groen verandert en zyn tot Popjes geworden, waar uit den twee en twintigfte dito zulke kleine bruine Kapelletjes voortquamen.

T

C X L V.

Roosen.   *Rosa.*

VAn de kleinste groene Rups heb ik 'er veele op Roosen gevonden, en daar mede gevoed. Den twaalfde Mai wierden zy tot bruine Popjes, en den sesde April des volgenden jaars quamen 'er zulke Capelletjes uit, gelyk 'er een boven de Rups te zien is.

De bovenste bruine Rups heb ik ook met Roosenbladeren gespyst, Anno 1684. den twintigste Mai tot op den sesde Juni, wanneer hy zich in een donker roode koleur veranderde. Den negende Juni maakte hy een gespin, waar in hy tot een Popje wierd: en den negen en twintigste dito is 'er een soodanig Capelletje uitgekomen, gelyk 'er een boven op de Rups gezien word.

C X L V I.

Roosen.   *Rosa.*

HEt hangende groene Rupsje eet mede Roosen. Dit soort kruipt menigmaalen op de rug, en laaten zich aan een draatje, dat uit haar mond gaat, op en af. Den tiende Mai wierd het tot een Popje, en den agtiende tot een swarte Vlieg.

De groote groene Rups gebruikte ook Roosen tot haare spyse. Den twee en twintigste Mai stroopte se haare huid af en wierd tot een Popje : waar uit veertien dagen daar na een Okerkoleurt Uiltje voortquam.

C X L V I I.

Abeele-bladeren. *Abiegna folia.*

Diergelyke graauwe Rupfen heb ik in 't eerft voor geen Rupfen aangezien, om dat ze heel ftil, fonder zich te verroeren, onder aan de bladeren in malkanderen gekrinkelt faaten, en niet anders als vogelsdrek te zyn, fcheenen. Ik heb ze met Abeelebladeren in Vriesland gevoed. Den drie en twintigfte September heeft een daar van een blad aan malkanderen gefponnen, als of het te famen gelymt was, waar in hy zich tot een Popje veranderde. De anderen die ik hadde, hebben een gewoonlyk gefpin gemaakt, waar in ze tot Popjes wierden. Den veertiende April des volgenden jaars quam 'er het eerfte Capelletje uit, waar op de andere in de maand Mai volgden, en ligtgroene eieren leiden. Het Cappelletje is onder de Rups te fien.

De groene Rups heb ik te gelyk met de bovengemelde graauwe, op de felve Boom gevonden. Den agtiende Augufti leide hy zich ftil ter neer, ftroopte zyne huid af, en wierd een Popje, zonder te fpinnen. Des volgenden jaars den veertiende April quam 'er het eerfte Uiltje uit, en de andere eerft in de maand van Mai daar aan volgende, gelyk 'er een op het bovenfte groene blad te fien is.

C X L V I I I.

Winde of Wrange. *Convolvulus.*

Vermits 'er op het voorgaande blad de fpys van alle defe laatfte Rupfen ftaat, en dit maar een wilde Boom is, foo heb ik deze laatfte bladeren met bloemen willen verçieren, niet twyfelende of het fal aan de liefhebbers aangenaam zyn.

Deze bruine Rups heeft den twintigfte Juni een geel gefpin gemaakt, en is daar in tot een bruin Popje geworden, waar uit den veertiende Juli dit Oranjekoleurt Uiltje voortquam.

C X L I X.

Goutsbloemen. *Caltha.*

DEze geele Rups heeft Abeelebladeren gegeten tot in de maand September. Den vyftiende Juni des volgende jaars quam 'er een bruin Uiltje uit, na dat het eerst in een bruin Popje verandert was.

Diergelyke Beesjes, gelyk 'er een op het groene blad sit, gebruiken de kleine Luisjes tot haare spyse. In 't begin van Juni hebben zy zich tot Popjes verandert, en op 't einde dezer maand quamen 'er soodanige geele Torretjes uit.

Het onderste bruine Diertje houd zich in 't water op tot in de maand Juni, wanneer het op 't land kruipt: en dan komt 'er soodanig een vliegend Beesje uit, gelyk 'er een naast aan op het blad sit.

Dodonæus noemt deze Plant *Calendula*: zy verschilt veel ten opsigte van haar grootte, en brengt dunne, ronde en een weinig hoekagtige stammen voort, verdeelt in verscheide takken, latende, wanneer men dezelve aanraakt, eenige slymagtige vogtigheid aan de vingeren: haar bladeren zyn sonder steel, vastgehegt aan haar stam, hebbende een smaak na 't Gras. Haar bloemen komen voort aan de topenden van de takken, zynde gestreept; groot, schoon, rond, geel en welriekende. Als ze zyn afgevallen, zoo volgen daar op eenige kromme doosjes, die yder in zig bevatten een langagtig zaad. Haar wortel is wit en vezelagtig.

C L.

Granaat-bloem. *Flos Mali Punici.*

DE bovenste Rups heb ik met Abeelebladeren gespyst Anno 1699. Den tiende September tot Amsterdam heeft hy zich in een wit gespin ingesponnen, en des anderen jaars in de maand April is dit graauwe Uiltje daar uit voortgekomen.

De onderste tweesteertige Rups heeft zich aanstonds ingesponnen, soo dat ik haar spys niet konde weeten. Hy heeft een wit gespin gemaakt en is daar in tot een Uiltje geworden, gelyk 'er een op de bloem te sien is.

CXLIX.

CL.

CLI

CLII.

C L I.

Krul-Lelien.   *Martagum.*

Zoodanige kleine groene Beesjes hebben geen fekere fpyfe nog tyd: want men vind ze op aller-
hande Kruiden en op alle getyden van 't jaar; waar men maar diergelyke witte fchuim fiet,
vind men 'er deefe Diertjes in, foo lang tot dat ze in foodanige Torretjes veranderen, gelyk het
eene en het andere onder aan by malkanderen te zien is.

De groenachtige Rups heeft Abeelebladeren gegeeten tot op den agtfte October, wanneer ze in
een Popje veranderde, en den negen en twintigfte Juni des volgenden jaars is 'er dit Uiltje uitgekomen. De Rups en het Uiltje zyn boven by malkanderen te zien.

Het onderfte groenachtige Rupsje heeft bladeren van Kruisbefie-boompjes gegeeten. Maar alfoo
deeze vrucht en bloeifel reeds in dit Werk afgebeelt zyn, foo heb ik die hier niet wederom willen
vertoonen, en in der zelver plaats deefe Krul-Lelien geftelt, als meede een aangename bloem zynde. Wanneer men deeze Rupsjes aanraakt, zoo laaten ze zich aanftonds aan een draadje neer. Zy
zyn zeer fnel in 't loopen. Den twaalfde Mai hebben zy zich tuffchen de bladeren ingefponnen, en
zyn daar in tot bruine Popjes geworden, en den vier en twintigfte dito quamen 'er zulke Kapelletjes
uit, die bruin en wit waaren, gelyk 'er een benevens zyn Popje boven te zien is.

    Deeze Plant is dezelve, die Cafparus Bauhinus *Lilium album bulbiferum latifolium majus* noemt.

C L I I.

Witte Lely met een gemeene regt opgaande bloem.	Lilium album, flore erecto, & vulgare C. B. Pin. 76.
a Winterbloem	a Narciffo-Leucoium vulgare Tournef. 387. Leucoium bulbofum vulgare. C. B. Pin. 55.
b Een kruipende bloem als een witte Lely.	b Convolvulus longifolius azureus, niveo umbilico, erectus. Barreliero Icon. 321. Boccon. Muf. part. 2. 148. Tab. 105.

Mevrouw van Merian heeft deeze Plant hier gefteld voor een çieraad gelyk als ze in verfcheide
plaatfen van haar Boek gedaan heeft. Deeze foorte van Rupfe word gevoed door de bladeren van de Populier- en Wilgeboom. Zy zyn zeer wit en bevinden zig de meeften tyd boven op
de boomen. Ik heb deeze Rups zedert den een en twintigfte van de maand Mai tot aan de feftiende
van de maand Juni gevoed: als doen vervelde zy. Veertien dagen daar na quam 'er een fchoone
witte Kapel uit voort, dewelke men hier op de Plaat verbeelt ziet. Deeze Kapel fchoot zyn zaad
na verloop van eenigen tyd en ftierf vervolgens.

De Winterbloem doet uit zyn wortel voortkomen drie, vier
of vyf bladeren, gelykende na die van de Prey, zynde groen,
glad en blinkende. Van onder deze bladeren klimt 'er een ftam
op ter hoogte van meer als een half voet, zynde ingegroeft,
hoekagtig, hol, omkleed met haare bladeren tot aan haar midden toe als een foort van een meffekoker: zy heeft gemeenlyk
maar een enkelde bloem, fomtyds twee, dog feldendrie. Deze
bloem heeft fes neerhangende blaadjes, gefchaart als een klok,
hellende na een witte koleur, hebbende van buiten een groen-
agtige vlek, en van een onaangename reuk. Wanneer ze afgevallen is, zoo volgt 'er op een vrugt opgezet met drie hoeken,
en geheellyk verdeeld in drie kamertjes, vervult met byna ronde, harde en geelagtige zaden: haar wortel is knobbelagtig, te
famen gestelt uit verscheide witte vliesen, en van onderen voorzien met witagtige vezelen.

C L I I I.

Een purper-koleurde Lely met een omgebogen bloem.	Lilium purpuro-fanguineum flore reflexo. C. B. Pin. 78.

De Rups die deze Kapel voortbrengt, word gevoed met Lely-bladeren: ik heb 'er van onder-
houden in de maand van Juli veertien dagen lang; als doen vervelde ze en veranderde in een
Pop, waar uit agt dagen daar na voortquam een Kapel, die men alhier afgebeeld ziet. Zy was van
een fchoone Hemels-blaauwe koleur, de vleugels waren paars, en ze had op de rug vier goud-ko-
leurde vlerken.

V

C L I V.

De groote Narciſſe-bloem met een biezeblad, Narciſſus Juncifoliis oblongo calice, luteus ma-
met een langwerpige kelk.　　　　　　　　jor C. B. Pin. 51.

DEeze Rups word door deze Plant gevoed, na dat ze daar van verzadigt is, ſtrekt ze zig uit in
haar lengte, en blyft alſoo in die ſtaat tot den volgenden dag. Wanneer zy kruit, zoo ziet
men dat zy het voorſte gedeelte van haar lichaam voegt aan haar achterdeel, zulks dat ze zig formeert als een groene ring, vervolgens verlengt ze zig en brengt haar weder in de vorige geſtalte,
en dit altoos zoo vervolgens tot dat ze haar loop volbragt heeft. Zy begon den ſeſtiende October
te vervellen, en veranderde twaalf dagen daar na in een Pop, waar na op den eerſten dag van de
Maand Mai in het volgende jaar een ſchoone Kapel voor den dag quam, gelykende na die, dewelke men op de bloem ziet.

Deze Plant brengt uit zyn wortels voort eenige bladeren, byna　　soo ſeer vaſtgehegt aan deze bloem dat het alles te ſamen ſchynt
gelykende na die van de Prey, zynde van een bleekgroene ko-　　een ſtuk alleen. Wanneer de bloem verwelkt is, volgt daar op
leur. Daar klimt onder dezelve op een ſtam van een voet hoog,　　een tamelyke dikke driehoekige vrugt, verdeelt in drie kamer-
dragende op haar toppunt een groote bloem met een enkeld wit　　tjes, vervult met ſwarte zaden, byna rond: haar wortel is knob-
blad, en omvlogten met ſes bleeke en purperagtige bladeren,　　belagtig.

C L V.

Indiaanſe Hyacinth of Tuberoos.　　　　　Hyacinthus Indicus tuberoſus, flore Hyacinthi
　　　　　　　　　　　　　　　　　　　　Orientalis C. B. Pin. 47.

a Witte Lely van den Dale.　　　　　　　　a Lilium Convallium album C. B. Pin. 304.
b Veld-Renunkel met Kamille-bladeren.　　b Ranunculus arvenſis foliis Chamæmeli, flore
　　　　　　　　　　　　　　　　　　　　　　phœniceo Tournef. 191. Adonis Matthioli,
　　　　　　　　　　　　　　　　　　　　　　Adonis ſylveſtris flore phœniceo ejusque foliis
　　　　　　　　　　　　　　　　　　　　　　longioribus. C. B. Pin. 178.

DEeze Planten verſtrekken hier niet als tot een çieraad. De Rups die men hier ziet, eet de
bladeren van de Framboiſe-boom. De dertiende Juni begon zy zich te vervormen, na zich
in zyn vel omwentelt te hebben, daar na hield ze zich ſtil tot op den veertiende van Juli, zulks dat
ze een en dertig dagen doorbragt om te vervellen, ten einde van dewelke uit haar voortquam een
bruine Kapel, waar van de vleugeltjes yder in 't midden een ronde vlak hadden, trekkende na den
witte. Deze Kapel kroop langzaam langs de gront: zy ſtierf twee dagen daar na.

C L V I.

Groote Ooſterſche Hyacinth.　　　　　　　Hyacinthus orientalis maximus C. B. Pin. 44.

DEze Rups ſchiet zyn zaad op de bladeren van Boomen, dewelke zy overdekt met een ſoort van
hair of wol, om dezelve te beſchermen tegen de koude; als men deze omgerolde bladeren opent,
vind men daar in groen zaat. Zy eet kruisbeziën-bladeren, 't zy witte, roode of ſwarte, dewelke zy
t'eenemaal vernielt; en ſchoon men ze alle dagen dood, zoo vind men ze den volgenden dag alzoo
veel. Alle de Natuur-kenders merken aan dat de Vogelen gantſch niet van deze Rupſen eeten, en
dat ze op den dertiende Juli zig bereiden om te vervellen, dat 'er dan uit voortkomen witte en ſwart
gevlakte Capellen.
　Deze Dieren als zy voor den dag komen zyn niet grooter als een Vlooy: en in 't vervolg groeyen
ze oogenſchynlyk en worden veel grooter. Men vind ze in de gragten, en zy gebruiken ook geen
ander voedſel, ten zy de een den ander opeet. Ik heb geſien dat een van de grooſte in weinig tyds
heeft opgegeeten de kleinſte van deſelve ſoort; waar van daan het ook voortkomt, dat deze kleine
Dieren by uitſtek vreesagtig zyn. Van de eene van deze bloedelooſe Diertjes komt dit blaauw gevleugelt Dier voort, 't welk men op de Plaat afgebeeld ziet.

C L V I I.

Ooſterſche Hyacinth met een dubbelde bloem.　Hyacinthus orientalis flore duplici C. B. Pin. 45.
a Kleine geele Narcis-bloem met een biesblad.　a Narciſſus Juncifolius luteus minor C. B. Pin. 51.

DEeze Rups voed zig met het hart van de geſloote witte Koolen. De regen doet haar ſterven,
en verdroogt ſe t'eenemaal. Dit bloedelooſe Dier heeft dit als wat ſonderlings, dat het twee-
maal in 't jaar vervelt, eens in de Somer, en voor de tweede maal op het einde van dezelve. Haar
eerſte geſtaltverwiſſeling geſchied in weinig tyds, dog ſoo haar de winter overvalt, ſoo houd het zig
verborgen ſoo lang de groote koude duurt. Het begint te vervellen den eerſte Juli, en den twaalfde van deſelve maand komt 'er een ſchoone witte Capel te voorſchyn; maar de andere vervorming
duurt langer: het bleef in die ſtaat tot den vyftienden van Mai van het volgende jaar, als doen quam
'er uit voort een gelyke Capel als de eerſte.

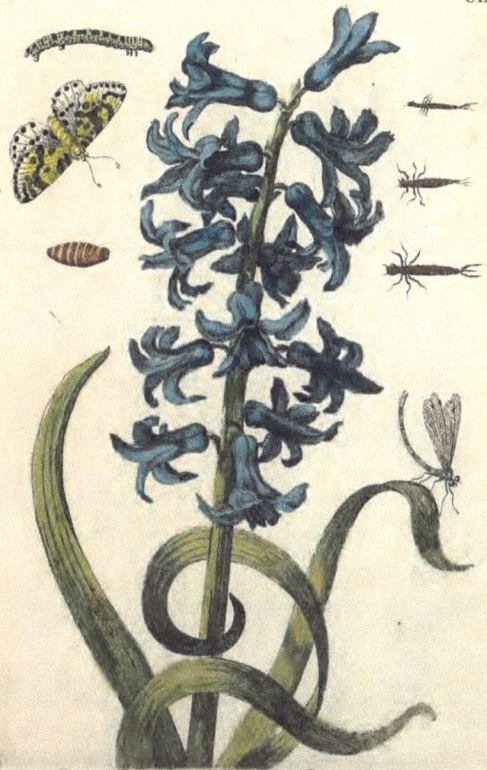

CLVII. CLVIII.

CLIX. CLX.

C L V I I I.

Witte Oostersche Hyacinth
   a Irias met een breed blad, zynde Neder-
landsch en van een verscheide koleur
     b Hondstand met een breed en rond blad

     c Groot blaauw Vliegverdryvend kruid.

Hyacinthus orientalis albus primus C. B. Pin. 44.
   a Iris latifolia belgica variegata C. B. Pin. 32.

     b Dens Canis latiore rotundioreque folio C. B.
       Pin. 87.
     c Muscari cœruleum majus Tournef. 347. Hya-
       cinthus racemosus cœruleus major. C. B. 42.

De Hondstand brengt gemeenlyk voort twee bladeren, somtyds drie, verspryd langs de grond, gelykende na die van het
Varkens brood, tusschen dewelke opklimt een zaïltje van een
hand hoog, zynde rond, glad, voortbrengende een schoone
bloem met ses blaadjes, langwerpig, spits, hangend en gekrult
na boven, somtyds purperagtig, van binnen getekent met melkagtige vlekken, hebbende in 't midden ses purperagtige vezelen.

De *Muscari* is een Plant die van de wortel voort doet komen
vyf of ses bladeren, op de grond verspreid, smal, gegroeft, en
langer als een half voet, tamelyk dik en vol sap. Van tusschen haar verheft 'er zig een stam, langer als een vierde van een
voet, rond, redelyk dik, sonder blad, dog van byna van de
midden af tot aan het bovenste omkleet met bloemen, geformeert als schelletjes, met kanten uitgekorven aan ses deelen in
haar opening, in den beginne groen of purperagtig van koleur,
daar na blaauwagtig groen, wit of swartagtig, of van een donker purper, daar na bleek, en wanneer zy beginnen te verdwy-

Na dat deze bloem is verdwenen, komt 'er in haar plaats een
byna ronde vrugt en verheven met drie hoeken, van een groene
koleur, rood gemarmert. Deze vrugt bevat in zig drie kamertjes, vervult met langwerpige zaden: Haar wortel is vleesagtig,
langwerpig, boven veel dunder als beneden, gelykende eenig-
sints na die van de Hondstand.

nen, swartagtig. Op deze bloemen volgen eenige redelyke dikke vrugten, yder opgeheven zynde met drie hoeken, en verdeeld
in breede kamers, vervult met eenige ronde en swarte zaden.
Haar wortel is een dikke witagtige bol, overtrokken met verscheide vliesen, van ondere voorsien met eenige veselen. De
Heer Tournefort heeft eenig onderscheid gemaakt tusschen dit
geslagt van Plant met die van de Hyacinth, dewyl dat in de
Muscari de bloem by de opening een soort van een getrenste
klok is, in plaats dat die van de Hyacinth seer uitgebreit is.

C L I X.

Groote witte Narcissebloem met een lange
kelk.

Narcissus major, totus luteus, calice prælongo.
   C. B. Pin. 52.

Deze Rups en zyn gestaltverwisseling zyn in de veertiende Uitlegging beschreven.

C L X.

Keizers Kroon.

Corona Imperialis Dod. Tournef. 372.

DEze Rups word gevoed van Kropsalade, indien men ze maar het minste aanraakt, houd ze zig
aanstonds zo stil of ze dood was, rolt haar in een als een kloot, en doet haar hair opreisen als
een Egel, indien men ze wil aangrypen by het hair, zoo laet se het aanstonds nedervallen. De
Vogelen eeten 'er gantsch niet van en hebben tegen dit bloedeloos Diertje een natuurlyke afkeer,
dewyl het fenynig is. Ik heb het somtyds op deze bloem gesien, dog ik ben tot nog toe onseker of
het daar van eet: het begint zig te vervormen den dertigste van de maand Juni in een Pop, en den
twee en twintigste van Juli komt 'er een schoone en groote Capel uit voort, die gevlakt is als Bresils
hout. Deze Capel legt ook eieren, maar men ziet ze die niet uitbroeijen als in de maand van October. De Rupsen, die daar uit voortkomen, verbergen zich onder de grond en blyven daar de
gantsche winter.

Het blad en de stam van deze Plant gelyken na die van de Lely: de bloemen zyn geformeert als een kroon, die boven op
voorsien is met een bosje van bladeren, te samen formerende een
soort van een klok, geel of bleek, of van een purperagtige koleur, trekkende na den roode. Wanneer deze bloem is afgeval-

len, soo komt 'er een langwerpige en gegroefde vrugt voort,
inwendig verdeelt in drie kamertjes, vervult met platte zaden:
haar wortel is knobbelagtig, niet schubagtig, maar vast als die
van de bol, te samen gestelt uit vliesen die in malkander schic-
ten.

C L X I.

Xiphion of knobbelagtige Irias

   a Een groote witte Narcissebloem
   b Leeuwerks Voet.

Xiphion Angustifolium versicolor elatius T. 364.
   Iris bulbosa &c. C. B. Pin 39.

   a Narcissus totus albus major. C. B. Pin. 49.
   b Delphinum hortense, flore majore & multipli-
     ci C. B. Pin. 124.

DEze Rups eet byna sonder onderscheid allerlei soort van kruiden en van bladeren. Zy is van een
schoone swarte koleur: wanneer men ze aanraakt rolt se zig als in een hoop. Zy vervormde
zig den dertiende September 1728. in een Pop en den vyfde Mai in het volgende jaar quam 'er uit
voort een witte Capel, op drie verscheide plaatsen gesprinkelt met swarte vlakken.

C L X I I.

Een groote Tagete met een geel bleeke bloem.

Een regt opgaande Tagete met een enkelde bloem van een zeer bleek geele koleur.

a Klein gras of Gras-paarlen met een blaauwe bloem.

b Een groote Capucyn.

Tagetes major flore luteo pallescente Vaillant Acad. Reg. Scient. anno 1720. Mem.

—— Maximus, rectus, flore simplici, ex luteo pallido J. B. Tournef. 488.

a —— An Lithospermum palustre minus flore cœruleo Tournef. 137.

b —— Cardamindum ampliori folio & majori flore, Tournef. 430.

De Tagete brengt eenige gestreepte bloemen voort: deze bloemen zyn halfstigtig en de halve loofwerken zyn vrouwelyk, dog de vlag van de eene en de tong van de andere komen dikwils te voorschyn onder wanschapene gedaantens. De eyernesten zyn geel boven op een kale moederkoek, en zy dragen een soort van een antique kroon, waar van de boven-punten gemeenlyk onge-

lyk zyn. Alle deze deelen zyn bevat in een enkelde kelk, zynde langwerpig rond, volgens zyn langte gegroeft en aan de rand tandswyse gekartelt. Men kan 'er byvoegen dat de bladeren gevleugelt zyn na de zyde of ingesneden in verscheide quabben, of tandswyse gekartelde vleugeltjes, en ontrent hare randen doorzaait met knopjes of doorschynende punten.

C L X I I I.

Irias met een breed blad, hebbende de reuk van de Vlierboom.

Iris latifolia Belgica, odore Sambuci C. B. Pin. 32.

Dit bloedeloos Diertje word beschreven in de agt en dertigste Uitlegging.

C L X I V.

De vrouwelyke Pionie met een roode en groote bloem.

Pœonia fœmina flore pleno, rubro, majore C. B. Pin. 174.

DEze swarte Vlieg word voortgebragt door een kleine Rups, dewelke de bladeren van de Anconlis eet, terwyl zy nog jong en teder zyn, en ze hegt 'er zoo vast aan de enden van de bladeren, dat men haar daar niet van af kan haalen sonder haar te quetsen. Zy vreest nog regen, nog wind, nog koude. Als ze iets gevoelt dat haar ongemak toebrengt, zoo beweegt en schiet zig op een sonderlinge wyse. Deze Rups verwisselde zig in een Pop op den negende van de maand Juni, waar uit op den drie en twintigste van de zelve maand een swarte Vlieg voortquam. Deze Vlieg set zig in 't gemeen, eer dat de Son opgaat, op de bladeren van de Kruis-besiën boomen, waar van zy den dauw likt, die haar tot voedsel strekt, maar zoo zy twee dagen sonder eeten blyft, sterft ze.

Men onderscheit de Pionie in mannelyke en vrouwelyke. De wortel van deze is te samengestelt uit verscheide knobbels, gelykende na die van de Radys of Knolletjes, die als aan de vezelen hangen, gelyk als de Afodille. De stammen klimmen op ter hoogte van twee ellen, zyn takagtig en een weinig hairagtig, rood en dik omtrent als een duim: de bladeren zyn te samen gestelt uit verscheide anderen, vastgehegt aan een dikke rib, en takagtig: Zy zyn in verscheide gedeeltens ingesneden: de bloemen, die voortkomen op de topenden van de stammen, zyn die van de

breede Roosen gelyk, geformeert uit ses of agt neergaande roodagtige bladeren, uit het midden van dewelke een groote hoop vezelen met een zuiltje zig verheft, dat verandert word in een vrugt, waar in by een vergadert zyn eenige hoorntjes, geschaart als een straal, zy zyn van een dikke substantie en wolagtig, worden verandert in basten van anderhalf duim lang, dik, roodagtig en hairagtig, na beneden omgebogen, en bevatten in zig suivere zaden, van buiten swart, van binnen wit, zynde dik en rond als een Erwt.

C L X V.

Beeren Oor.   Auricula Ursi.

DEze Rups, na langen tyd zig met de bladeren van deze Plant gevoed te hebben, verbergde zig in een hoekje, alwaar van hem van yder zyde een groen Wormpje voortquam. Zy beweegde zig zeer heen en weder, even eens als of ze pyn of eenige stuiptrekkende bewegingen hadde gevoeld.

Aanstonds als de eerste Worm was uitgekomen, hield ze zig zeer stil aan de plaats daar ze uit gekomen was, en verliet ze niet voor dat ze daar al het sap had uitgesoogen, neets agterlatende als het vel. De andere Worm stierf sonder voedsel te gebruiken, en wierd van de eerste opgegeten.

Deze Worm, na wel gevoed te zyn geweest, bleef onbeweeglyk zonder voedsel te gebruiken tot op den vyftiende van October 1726. als doen veranderde zy in een swart ey, waar uit op den agtiende Mai in het volgende jaar voortquamen twee Vliegen, gelykende na die, dewelke afgebeelt is op de Plaat.

Deze Plant brengt uit zyn wortel voort groote bladeren, glad, poezelig, dan eens tandswys ingekorven, en dan weder heel, bitter van smaak: tusschen deze bladeren verheffen zig eenige stammen, die op haare topeinden dragen eenige geele of bleeke bloemen, van zig gevende een soete en honingagtige reuk: yder bloem is een verwyderde buis, even als een tregter,

met een vlag in vyf deelen gekorven en voorzien in haar midden met geele vezelen. Uit haar kelk verheft zig ook een zuiltje, dat 'er aan vast gehegt is op de wyse als een sleutel, en dat in 't vervolg een cyronde en spitse vrugt word: het verdeelt zig in twee kamertjes, vervult met dunne en hoekige zaden: haar wortels zyn gevezelt, roodagtig, hangende vast aan de steenen.

CLXI.

CLXII.

CLXIII

CLXIV.

Punica flore pleno

CLXIX:

CLXXI.

CLXXIII.

C L X V I.

Groote Granaad-appelboom.   Punica flore pleno majore. Tournef. 636. Balauflica flore ple-
                                    no majore C. B. Pin. 438.

De takken van dit boompje zyn dun, hoekagtig, voorzien
met doornen: haar baft is roodagtig. Haare bladeren zyn klein,
door eenige roodagtige fteelen vaftgehegt, gevende een fterke
reuk van zig wanneer zy verplettert worden: haar bloem is
groot, fchoon, rood van koleur, trekkende na het purper, te
famen gefteld uit veel bladeren, gefchikt op de wyfe als een
Roos in de holligheden van de kelk; deze kelk is langwerpig,

hard, purperagtig, van boven breed, hebbende eenigermaten
de gedaante van een klok: haar bodem word, na dat de bloem
afgevallen is, een vrugt: deze vrugt groeit aan tot een dikke
ronde Appel, voorzien met een kroon, die geformeert word
door de inkervingen van het bovenfte van de kelk: haar baft is
zoo hard als leder, van een purperagtige koleur, van buiten
donker en geel van binnen.

C L X V I I.

Geele bergagtige Violier.   Viola montana, lutea, grandiflora C. B. Pin. 200.

IK heb niets aantemerken op de hervorming van dit bloedeloos Diertje.

Men vind de Befchryving van deze Plant op de zevende bladzyde van de Uitbeelding.

C L X V I I I.

a Slaapbol   a Papaver
b Lely met een omgeboge bloem   b Lilium flore reflexo
c Knobbelagtige Lifch   c Xiphion vel Iris bulbofa
d Ancolie   d Aquilegia
e Tulp   e Tulipa
f Bloem als een witte Lely   f Convolvulus
g Ranuncul   g Ranunculus Tournef. Adonis C. B.
h Roos   h Rofa
i Roos oorfpronkelyk uit Guyenne   i Fritillaria
k Klaproos of Windkruid.   k Anemone

Onder de Klaproos zyn 'er drien bloemen van een drieverwige koleur, in 't Latyn *Viola tricolor*, en twee bloemen
voortfpruitende van 't Verheusbrood.

C L X I X.

a Knobbelagtige Lifch   a Xiphion vel Iris bulbofa
b Goudbloem   b Caltha vel Calendula
c Klaproos met agt bladeren   c Anemone octophyllo
d Tulp   d Tulipa
e Witte Narciffe   e Narciffus albus pleno flore
f Nagelbloem   f Caryophyllus
g g g Drie Roofen.   g g g Tres Rofæ.

C L X X.

EERSTE BLOEMKRANS.

a Capucyn   a Cardamindum
b Lifch   b Iris
c Narciffebloem   c Narciffus
d Kleine tak van een Oranjeboom   d Ramulus Aurantii
e Zonnebloem   e Corona Solis
f Tulp   f Tulipa
g Vioolftoel   g Leucoium
h Kalmus.   h Xiphion
In het midden is een Nagelbloem en een Roos   In medio fitæ funt Cariophyllus & Rofa.
geplaatft.

X

C L X X I.

TWEEDE BLOEMKRANS.

1 Vettekous	1 Campanula arvenſis
2 Klaproos	2 Anemone
3 Hyacinth	3 Hyacinthus
4 Roos	4 Roſa
5 Heul of Mankop	5 Papaver
6 Klokbloem van No. 173 letter a	6 Campanula No. 173. littera a depicta
7 Tulp	7 Tulipa
8 Lely met een gekrulde bloem.	8 Lilium flore reflexo.

Deeze Plaat verſtrekt tot zieraad aan het einde van dit Werk.

C L X X I I.

DE Rups in deze Bloemkrans bevat, neemt zyn oorſpronk van het vermolmde hout van de Wilgeboom. Zy houd zig gemeenlyk op in het pit van die boom, winter en zomer. Zy begon haar geſtaltverwiſſeling den feſtiende van de maand Juni, in zulker voegen als men het hier ziet, en bragt de Kapel, die ik van digte by afgebeelt heb, den vyf en twintigſte Juli te voorſchyn.

C L X X I I I.

Swarte en witte Mankop   Papaver flore pleno, album & nigrum C. B. Pin. 171.
a Klokbloem, Halskruid, aliàs Onſe Lieve   a Campanula Perſicæ-folio Cluſii Tournef. 111.
Vrouwe Handſchoenen met een blad van een
Perſikeboom.

C L X X I V.

Groote dubbelde Rooſeboom.   Roſa multiplex media. C. B. Pin. 482.

C L X X V.

1 Roos	1 Roſa
2 Spaanſche Jaſmin met een groote bloem	2 Jaſminum Hiſpanicum flore majore
3 Klaproos.	3 Anemone.

DIt Dier kruipt langſaam en 't ſpeelt de quaadaardige als men het tergt, het laat zig niet verjagen van zyn verblyfplaats als met moeite. Het heeft op het agterſte gedeelte van het lichaam een lymagtige prikkel, waar mede het zig beſchermt, het bediend 'er zig van om die prikkel vaſt te maaken op zekere plaarſen als het ruſt, uit vreeſe van genootſaakt te zyn te rug te keeren. In 't vervolg haalt het zyn kleine lichaam in malkander, en met de gehoornde prikkels, waar mede het hooft gewapend is, verweert hy zig: na dat ik het verſcheide dingen om te eeten had toegeworpen, en die wygerde te proeven, zoo gaf ik hem eenige kevers, die hy at, en hebbende daar van het binnenſte opgegeten, beſloot hy 'er zig in, en maakte agter zich een hol. Hy bleef in deze ſchuilplaats ſedert den twintigſten Auguſti 1729. tot aan den negenden Juni van het volgende jaar. Als doen quam 'er uit voort een klein en zeer ſchoon gevleugelt Dier. Zyn vleugels waren doorſchynende, en zoo teder dat het byna niet mogelyk was om het met het penſeel af te malen. Het had twee goudkoleurde oogen, het lichaam was bleekgroen, trekkende een weinigje na den blaauwe, vliegende heſte hy zyn hooft om hoog, latende het ander gedeelte van zyn lichaam nederwaarts hangen. Zyn vleugelen waren te groot en belette het te vliegen, 't is ook daarom dat het door de wind wierd vervoerd. Het ſtierf binnen de twee dagen en vaſte al die tyd.

De Spaanſche Jaſmyn is een Boompje dat voortbrengt eenige zeer lange dunne en quaſtige takken, zynde buigſaam, ſwak, groen, vervult met een vooſe pit. Zyne bladeren zyn langwerpig, de topenden afgerond, geſchaart by paaren, langs de eene ribbe, die eindigt door een blad alleen. Yder rib is gemeenlyk bezet met ſeven bladeren, ſomtyds met vyf, glad, van een ſchoone groene koleur. Zyne bloemen zyn als Sonneſchermen aan de topenden van de takken, van een ſoete en zeer lieffelyke reuk, wit van binnen en roodagtig van buiten: Yder van deze bloemen is van boven af een verwyderde buys en ingekorven als een Star in vyf gedeeltens. Na dat de bloem is afgevallen, zoo volgt 'er ſomtyds op een ronde, groenachtige en ſagte bezie, bevattende in zig eenige ronde en platte ziden; maar in de Noorder Landſtreeken valt gemeenlyk de bloem af, zonder vrugt na te laten.

CLXXIV.

CLXXV.

CLXXVI.

CLXXVII.

C L X X V I.

Ranuncel met een knobbelagtige wortel.　　Ranunculus radice tuberosa, flore pleno & proli-
　　　　　　　　　　　　　　　　　fero C. B. Pin. 179.

D Eze soort van Sprinkhanen houden alle jaaren zig op in de Nederlanden rondom de oude Lin-
　deboomen, tegen de maand van November en December. Zy zuigen de vogtigheid uit deze
Boom en bestaan 'er eenige tyd van. Als de winter nadert sterven se alle onfeilbaarlyk, die van de
Lindeboomen zyn uitgegaan, en zy verlaten deze boomen niet, zoo lang als 'er wormen in het
hout van de Lindeboom gevonden worden. Maar zoo haast als deze Wormen in Sprinkhanen zyn
verandert, zoo eeten zy iets anders.
　　Deze Worm gaat over tot zyn gestaltverwisseling in het herte of merg van de Boom; na haar geplaatst te hebben in een warme plaats, zoo brengt hy op den laatsten dag van Januari een Sprink-
haan voort, die eerstelyk verwisselt van vel en daar na van koleur: ik heb se den tyd van veertien dagen gevoed met Peren, Appelen en Suiker, dog eindelyk stierf ze.

C L X X V I I.

* Klaproos met ses bladeren.　　　　　* Anemone tenuifolia hexaphyllo C. B. Pin. 174.
† Klaproos met een roode bloem　　　　† Anemone tenuifolia, coccineo flore octophyllo C. B.
　　met agt bladeren.　　　　　　　　　　Pin. 174.

I K heb reeds deze Plant beschreven, en dewyl Mevrouw Merian aldaar geen bloedeloos Diertje
　geplaatst heeft, zoo kan men daar ook geen beschryvinge van byvoegen.

C L X X V I I I.

Roode Klaproos.　　　　　　　　Anemone tenuifolia multiplex rubra, C. B Pin. 167.
aaa Laattydige Roosen,　　　　　aaa Fritillaria serotina floribus ex flavo virentibus, C. B. Pin. 64.
　oorspronkelyk uit Guienne.

Deze Roos is dezelve Plant, die Johannes Bauhinus *Fritillaria*
Meleagris sive Fritillaria, *reflexis oris, Aquitanica* noemt. Deze
Plant heeft een knobbelagtige wortel, wit, vast, te samen gestelt uit twee knobbels, vleesagtig, uit het midden van dewelke een stam voortkomt van ontrent een voet hoog, dun, rond,
van binnen voos, dragende vyf, ses of seven bladeren, middelmatig lang, smal, hol, en van smaak een weinig zuur. Haar
topend lyd gemeenlyk niet meer als een bloem, somtyds twee of

drie, zy it zeer schoon en groot, te samen gestelt uit ses neer-
hellende bladeren, die geformeert worden als een klok, gemarmert op de wys als een Dambord, van verscheide koleuren, purperagtig, Roseerood, rood en wit. Na dat de bloem is afgevallen, zoo komt 'er een langwerpige, hoekagtige of driehoekige vrugt te voorschyn, verdeelt in drie kamertjes, vervult
met bleeke en platte zaden.

C L X X I X.

Dubbelde Nagelbloem.　　Caryophyllus flore multiplici, maximo &c. H. R. Paris, Tournef. 330.

D Eze Rups word gevoed door wilde Melde, na dewelke zy van koleur gelykt, zy is zeer lang-
　saam en verwisselt van vel tot viermaal toe, aannemende een nieuw vel, na mate dat ze de
oude aflegt. Na dat se ophield van te eeten, zoo quam op den vierden September uit haar lichaam
voort een Wormpje van een platte gedaante, gelykende na die geene die in het vleesch groeijen,
dewelke niet en at nog zig geen rust en gaf, niet doende als gaan van de eene kant na den anderen,
gedurende de tyd van veertien uuren; al gaande veranderde zy allengskens van koleur en haar vel
wierd hard: nalatende van zig meer te bewegen, keerden zy zig weder in een hoop; alsdoen scheen
zy te zyn van een donkeragtige bleeke koleur; daar na begon ze een weinig te eeten: de volgende
dag begon zy onbeweeglyk te blyven, en bleef in die zelve staat tot op den ses en twintigste September, als doen quam 'er een Vlieg uit van een vry ongemeene groote gestalte. Zy had lange voeten, plat op het end en een groot hooft: zy lag gemeenlyk op de rug, de buik gekeert na boven,
daarom is 't dat Mevrouw Merian dezelve omgekeert leggende heeft afgeschetst. Dewyl my haar
eigen voedsel onbekent was, soo stierf se den derde October.

C L X X X.

Xiphium of knobbelige Lisch met　　Xiphion majus flore luteo mixto. Tournef. 364. Iris bulbosa
　een bleeke bloem.　　　　　　　　　　pallido colore. H. Eyst.

C L X X X I.

Vroege Tulp.　　　　　　　　　　　　　　　　　　　　　Tulipa præcox.

X 2

CLXXXII.

Laate Tulp
a Roos oorspronkelyk uit Guienne.
b Hoogduitsche Veld-ajuin met drie bladeren.

Tulipa Serotina.
a Fritillaria.
b Ornithogalum trifolium germanicum Tourn. 380.

De Hoogduitsche Veldajuin brengt eenige lange b'aderen voort van een half voet hoog, fmal als die van het Gras, zagt, leggende op de grond ter neder, hol, getekent in haare langte met een witte ftreep. Van tuffchen haar klimt 'er op een ftam van ontrent een half voet hoog, zynde rond, naakt, teeder, fchietende in haar topenden verfcheide zuiltjes op als een Zonnefcherm, die de bloemen onderfchragen, zynde yder van haar te famen gefteld uit fes neerwaards hellende bladeren, die langwerpig en fpits in de rondte zyn gefchaart, hebbende in haar

middelpunt een verheve buys. Deze bloem is groenagtig van koleur of grasgroen van buiten, wit van binnen en verfelt van fes breede en witte vezelen. Na dat de bloem is afgevallen, zoo volgt hem daar op na een byna ronde en witte vrugt, opgezet met drie hoeken, en innerlyk verdeelt in drie kamertjes, die in haar bevatten eenige dunne, byna ronde en fwarte zaden. De wortel is een witte knobbel, aan welke verfcheide andere kleine knobbels trosgewys vaft zyn, verzeld van vezelen.

CLXXXIII.

Paffibloem.   Granadilla folio tricufpidi Tournef. 240. Clematitis trifolia C. B. Pin. 301.

Deze Plant brengt voort eenige lange ranken, zynde dun, kruipende langs de grond, groenagtig rood, uitfchietende eenige gekrulde fteeltjes, waar mede zy als met handjes zig vaft hegten aan de muren, gelyk de Klimop. Haare bladeren zyn glad, zenuwagtig, tandswyfe aan haar randen ingekorven, beurtswyfe gefchaart en laten tuffchen haar de wydte van drie vingeren, hebbende ontrent haar fteelen twee kleine verheventheden, dik als de korrels van Geers. Hare bloemen komen uit de holligheden van de bladeren. Deze zyn met veel blaadjes

geformeert als een Roos, wit, onderfteunt door een kelk, verdeeld in vyf deelen: uit het midden van deze bloem verheft zig een zuyltje, dat een jonge vrugt onderfchraagt, die te boven geklommen word met drie lichamen, die eenigermate fpykers verbeelden. Haar vrugt gelykt na die van de Granaad-appelen, zy is, als ze tot haar volkome rypte gekomen is, byna van de zelve grootte en koleur; dog zy heeft geen kroon: zy is vol van een zuuragtig vogt, en bevat in zig verfcheide zaden.

CLXXXIV.

Doornagtige Kapperboom met een kleine vrugt, en een rond blad
a Deze Plant is zoo qualyk geëtft, dat ik niet heb kunnen weeten wat het is.

Capparis fpinofa, fructu minore, folio rotundo. C. B. Pin. 480.
a Hæc Planta eft tam malè depicta ut cognofci non poffit.

De doornagtige Kapperboom met een kleine vrugt en een rond blad van Cafparus Bauhinus fchiet verfcheide looten uit van twee ellen hoog, voorfien met bladeren die by beurtwiffeling gefchaart zyn, zynde van een rondte gemaakt als een paffer, anderhalf duim breed en zeer bitter. Uit hare holligheden komen

voort bloemen als een Roos, beftaande uit vier ftukken, waar van het middelftuk is omfet door een talryke hoop van vezelen, die in zig bevatten een langagtig zuiltje, van dewelke het toppunt een Peerswyfe vrugt word of puntswyfe gedraait, in de welke zyn neften van platte zaden, en van geftalte als een Nier.

CLXXXIV.

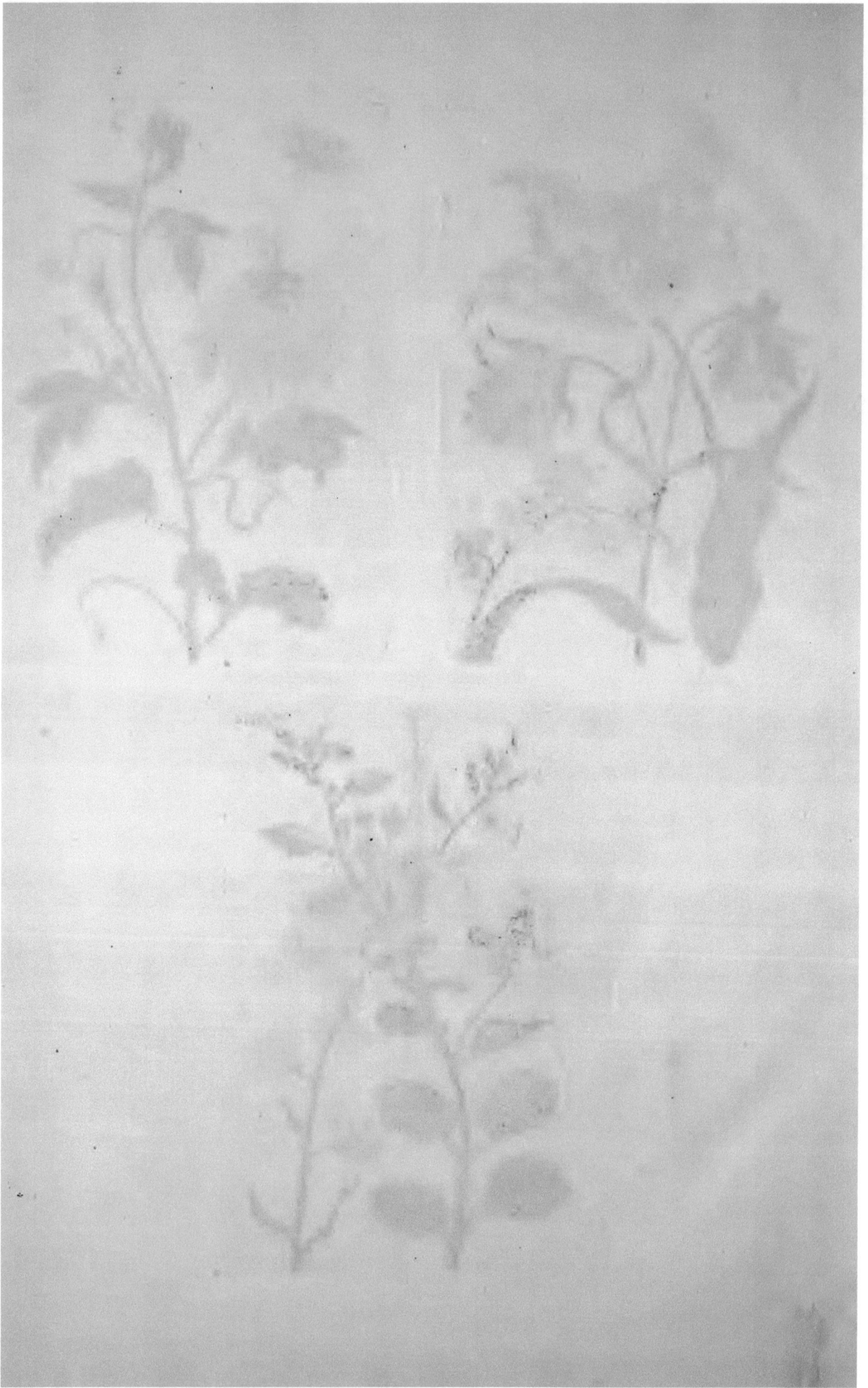

Reprint Publishing

FOR PEOPLE WHO GO FOR ORIGINALS.

This book is a facsimile reprint of the original edition. The term refers to the facsimile with an original in size and design exactly matching simulation as photographic or scanned reproduction.

Facsimile editions offer us the chance to join in the library of historical, cultural and scientific history of mankind, and to rediscover.

The books of the facsimile edition may have marks, notations and other marginalia and pages with errors contained in the original volume. These traces of the past refers to the historical journey that has covered the book.

ISBN 978-3-95940-006-0

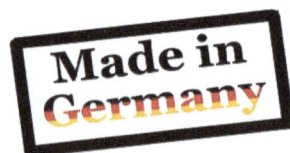

Made in Germany

www.reprintpublishing.com

www.ingramcontent.com/pod-product-compliance
Lightning Source LLC
Chambersburg PA
CBHW041420290326
41932CB00042B/27